PETRA HOPFENZITZ/DR. MED. HELLMUT LÜTZNER

Fasten Meditationsprogramm

EINFÜHRUNG

Ein Wort zuvor 5

FASTEN UND MEDITATION 7

Fasten und meditieren – was bewegt
Sie dazu? 8
Gedanken für einen gelungenen Start . . . 9

Was ist Fasten? 11
Fasten – das zweite Energieprogramm
des Körpers 11

Was ist Meditation? 14
Alltägliche Meditation 14
Meditieren – warum in der
Fastenzeit? 16

PRAXIS

**WISSENSWERTES FÜR
DIE PRAXIS** 19

Fasten zu Hause 20
Wer darf fasten, wer nicht? 20

Fasten und meditieren leicht gemacht . . . 23
Das Aufstehen am Morgen 24
Was kann man sich während des
Fastens zumuten? 25
Richtig meditieren 26
Wer darf meditieren, wer nicht? 27

Einstimmung auf die Meditation 29
Das Visualisieren 30
Meditationsübung zur Entspannung 31

DIE FASTENTAGE 33

Das Fasten vorbereiten 34
Einkaufslisten 35
Einstimmende Meditationsübung:
Huhn oder Löwe? 36
Fahrplan durch die Fastenwoche 40

Der Entlastungstag 44
Richtig essen auch im Fasten 45
Meditationsübung: Erholungsort 45
Meditationsübung: Das Lebens-
gefühl ändern 48

Der erste Fastentag 52
Speisepläne und Rezepte für die
Fastentage 53
Über den Hunger 54
Meditationsübung: Essfantasie 57
Meditationsübung: Nahrung 59

Der zweite Fastentag 60
Die Ausscheidung 61
Meditationsübung: So sehe ich
mich 62
Meditationsübung: Zuwendung 65

Der dritte Fastentag 68
Leistungsfähigkeit und Körpergefühl 69
Meditationsübung: Mein Körperbild 71
Meditationsübung: Die neue
Erscheinung 74

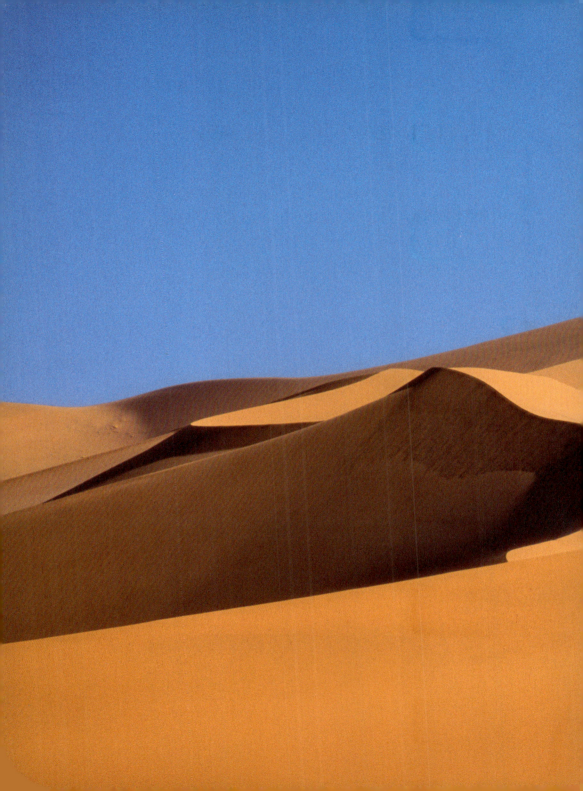

EIN WORT ZUVOR

Fasten heißt: aus sich selbst leben, von innen heraus leben. Für den Körper bedeutet dies, dass er aus seinen Fettdepots lebt, die sichtbar sind und oft als Übergewicht belasten. Was aber bedeutet Fasten im seelisch-geistigen Sinn? Wer schon Erfahrung im Fasten hat, kennt das Bedürfnis, während dieser Zeit mit sich selbst allein zu sein, in Ruhe gelassen zu werden – »in die Wüste zu gehen«, wie es die Bibel nennt. Diesem Wunsch kommt die Meditation entgegen. Seit Jahrtausenden bewährt, hilft sie uns, einen Ruhepunkt in uns zu finden: die eigene Mitte.

Wussten Sie vor Ihrem ersten Fastenerlebnis, dass Sie wirklich ohne Nahrung leben können – dabei arbeiten und fröhlich sein? Wussten Sie, dass Ihr freiwilliger Verzicht auf Nahrung Sie eine neue Lebensqualität erfahren lässt? Nehmen wir an, Sie möchten anderen Menschen von diesen Erlebnissen erzählen. Wundern Sie sich nicht, wenn Ihre Gesprächspartner nicht verstehen, wovon Sie sprechen. Erfahrenes Wissen lässt sich nicht ersetzen durch angelerntes »Wissen«. Ähnlich ist es mit der inneren Bilderwelt: Wir wissen zwar, dass sie in uns ist, nehmen sie aber oft kaum noch wahr, weil wir mit Bildern von außen überschwemmt werden. Die Fähigkeit, Bilder aus unserem Inneren zu sehen, ist uns jedoch nicht verloren gegangen; wir müssen nur wieder lernen, sie zu nutzen. Lassen Sie sich in die interessante und bereichernde Bilderwelt Ihres Unterbewusstseins führen. Lernen Sie, negative Bilder loszulassen und positive an ihre Stelle zu setzen!

»Jeder Fastende ist ein Werdender«, sagt Otto Buchinger, der große Fastenarzt (1878–1966). Jeder Fastende verändert sich, entwickelt sich. Menschen, die in Meditation und Fasten erfahren sind, bezeugen, dass sie klarer leben, glücklicher und sinnerfüllter.

Hellmut Lützner
Petra Hopfenzitz

DIE AUTOREN

Petra Hopfenzitz, Diplom-Oecotrophologin und Heilpraktikerin (Psychotherapie), geb. 1958, ist mit den Themen Übergewicht, Essstörungen und Fasten nicht nur theoretisch vertraut, sondern kennt es aus ihrer eigenen Entwicklungsgeschichte. Auf der Suche nach Lösungswegen für diese Probleme entwickelte sie das Arbeiten mit inneren Bildern. Nach zwei Jahren eigenständiger Tätigkeit in ihrer Praxis in Berlin arbeitet sie seit 1986 in der Kurparkklinik Überlingen und zusätzlich mit Fastengruppen – ausgenommen einer dreijährigen Pause für ihre Tochter.

Dr. med. Hellmut Lützner, Facharzt für innere Medizin, wurde 1928 geboren. Fasten war stets Schwerpunkt seiner Tätigkeit: als Assistenzarzt in Dresden und Berlin, als Fastenarzt in der Buchinger-Klinik am Bodensee. 1975 übernahm er die Kurpark-Klinik Überlingen, eine Fachklinik für ernährungsbedingte Krankheiten. 1976 entstand begleitend zur Fernsehsendung »Fasten für Gesunde« des Bayerischen Rundfunks das inzwischen millionenfach verkaufte Buch »Wie neugeboren durch Fasten«. 1984 folgte »Richtig essen nach dem Fasten«. Beide Bücher zusammen sind die Ausbildungsgrundlage für den neuen Beruf Fastenleiter/in innerhalb der Deutschen Fastenakademie (dfa), die Dr. Lützner gründete.

Inhalt

Der vierte Fastentag	76
Fastenflaute	77
Meditationsübung: Ich mag mich	78
Meditationsübung: Ich bin wertvoll und liebenswert	80
Der fünfte Fastentag	84
Stärken Sie Ihre Selbstliebe	85
Meditationsübung: Herzenskräfte	85
Meditationsübung: Heilende Aktivitäten	89
Möchten Sie länger fasten?	92
Meditationsübung: Reinigung	92
DIE AUFBAUTAGE	95
Der erste Aufbautag	96
Essensplan für den ersten Aufbautag ...	97
Finden Sie neue Maßstäbe im Essen ...	98
Fastenbrechen – ein Ereignis	100
Meditationsübung: Jedes Nahrungsmittel – ein Lebens-Mittel...........	102
Vollwertkost: die »gute« Nahrung	103
Der zweite Aufbautag................	106
Speisepläne für den zweiten Aufbautag	107
Ihr Körper – eine Last?	109
Meditationsübung: Strahlen Sie!	109
Meditationsübung: Farben wählen	110
Die Nachfastenzeit – den Alltag bereichern.......................	112
Glaubensüberzeugungen.............	113
Meditationsübung: Rose	115
Meditationsübung: Rosengarten	118
Zum Abschied	119
SERVICE	
Anleitungen für Anwendungen	120
Bücher und Adressen, die weiterhelfen	121
Sachregister.....................	125
Impressum	127

FASTEN UND MEDITATION

Freuen Sie sich aufs Fasten, auf eine Zeit, in der Sie sich außerhalb Ihrer Gewohnheiten in neuer Weise begegnen und bereichernde Erfahrungen machen!

Fasten und meditieren – was bewegt Sie dazu? 8
Was ist Fasten? 11
Was ist Meditation? 14

Fasten und meditieren – was bewegt Sie dazu?

Was waren Ihre Beweggründe, dieses Buch zu kaufen? Bitte nehmen Sie sich einen Augenblick Zeit und beantworten Sie, bevor Sie weiterlesen, ganz spontan die folgenden Fragen:

	Ja	Nein
1. Ist Ihr Gewicht, Ihre Figur das Hauptmotiv?	☐	☐
2. Haben Sie das Bedürfnis, etwas für Ihre Gesundheit zu tun?	☐	☐

3. Befinden Sie sich in einer Phase des
   seelischen Wandels?
4. Sind Sie geistig derzeit auf der Suche?
5. Wollen Sie in Ihrem Leben etwas verändern?

Gedanken für einen gelungenen Start

Sicherlich haben Sie mindestens eine der Fragen mit Ja beantwortet, vielleicht auch mehrere. Bitte lesen Sie sich zu den Fragen, die Sie mit Ja beantwortet haben, die folgenden Hinweise durch. Dann gelingt der Start in die Fastenwoche bestimmt!

1. Ist Ihr Gewicht, Ihre Figur das Hauptmotiv?

Bei vielen Menschen ist der erste Beweggrund zum Fasten das Bedürfnis, Gewicht zu verlieren. Doch die Erfahrung zeigt, dass, wenn es ausschließlich ums Abnehmen geht, auf die Gewichtsreduktion meist eine erneute Gewichtszunahme folgt.

Die ausschließliche Reduktion der Nahrung ohne eine Änderung der inneren Einstellung zum Thema Essen und ohne eine Veränderung des Umgangs mit sich selbst bringt keinen dauerhaften Erfolg. Genau hier sollen Ihnen die meditativen Übungen helfen. Sie ermöglichen es Ihnen, neue Wege zur Lösung Ihrer Gewichtsprobleme zu betreten. Spüren Sie unbewusste Blockaden auf und gewinnen Sie Ihr Unterbewusstsein, Ihre Seele, als Helfer, um Veränderungen zu erreichen. Nur so ist eine Entwicklung möglich, die nicht nur das Essen und den Körper betrifft, sondern immer auch den Umgang mit sich und die Einstellung zu sich selbst und dem eigenen Leben.

2. Haben Sie das Bedürfnis, etwas für Ihre Gesundheit zu tun?

Für zahlreiche Patienten, die zu uns in die Fastenklinik kommen, ist die Gesundheit das Hauptmotiv. War es auch Ihr Motiv, Ihre Gesundheit zu erhalten oder gar zu verbessern? Dabei wird Ihnen das Fasten gute Dienste leisten, da es die Selbstheilungskräfte des Körpers aktiviert. Und die meditativen Übungen helfen Ihnen, sich selbst liebevoller zu begegnen, was ebenfalls zur Gesundung

TIPP
Nehmen Sie sich die Zeit, während der Fastenwoche Tagebuch zu führen, am besten schreiben Sie in ein Ringbuch mit herausnehmbaren Seiten. Formulieren Sie sich Ihre Ziele für diese Woche, aber seien Sie trotzdem dafür offen, dass sich diese Ziele durch neue Erkenntnisse während Ihres Fastenprozesses verändern können. Schreiben Sie alle Meditationserfahrungen nieder. Wenn Sie den Text einige Tage später erneut durchlesen, fallen Ihnen neue Facetten auf. Der zeitliche Abstand verleiht Ihnen einen anderen, objektiveren Blick des Verstehens. Schreiben Sie auch Ihre Gefühle auf (siehe Seite 27).

des Körpers beiträgt. Speziell die Übungen des 5. Fastentages (siehe Seite 84 ff.) und des 2. Aufbautages (siehe Seite 106 ff.) werden Ihnen neue Seiten der »Heilung« eröffnen.

3. Befinden Sie sich in einer Phase des seelischen Wandels?

Wenn Sie sich in einer seelischen Umbruchphase befinden, hilft Ihnen das Fasten dabei, Altes loszulassen – körperlich wie seelisch. Innere Bilder machen für uns greifbarer, was wir loslassen wollen, und helfen, anschließend Neues zu formen. Auch eine genaue Vorstellung davon zu entwickeln, wohin es gehen soll, wird durch die inneren Bilder ermöglicht. Der erste Fastentag gibt Ihnen dazu spezielle Anregungen.

4. Sind Sie geistig derzeit auf der Suche?

Geistige Visionen stellen sich in der Fastenzeit leichter ein als im »geerdeten« Alltag mit vollem Bauch. Unsere geistige Seite ist in dieser Zeit meist empfänglicher, klarer, aktiver. Und Visionen treten, wie es das Wort beinhaltet, bildhaft auf. Die Arbeit mit inneren Bildern aktiviert diese »Sprachebene« und kann geistige Themen greifbarer machen (siehe »Die Nachfastenzeit«, Seite 112).

5. Wollen Sie in Ihrem Leben etwas verändern?

Eine Auszeit aus gewohnten Alltagsabläufen zu nehmen ist sehr hilfreich, wenn Veränderungen anstehen. Das Fasten gibt uns den nötigen Abstand, um unsere Situation und unsere eingefahrenen Gewohnheiten distanzierter zu betrachten und neue Lösungen im Inneren zu formen. Natürlich ist das Fasten besonders dann hilfreich, wenn wir unsere Ernährungs- und Bewegungsgewohnheiten ändern wollen. Doch auch in anderen Bereichen ist es eine große Hilfe, denn unsere geistige Seite kann dann von höherer Warte aus die Situation betrachten und neue Wege erkennen.

Durch das Experimentieren mit bildhaften Vorstellungen ist es uns außerdem möglich, ganz verschiedene Lösungen durchzuspielen und uns gefahrlos umsetzbaren Möglichkeiten anzunähern. Sie werden dazu in allen Übungen Anregungen finden.

Was ist Fasten?

Fasten bedeutet hier: ohne feste Nahrung zu leben, ausschließlich Flüssigkeit zu sich zu nehmen.

Fasten – das zweite Energieprogramm des Körpers

Ihr Körper verfügt über zwei Energieprogramme. Das »Programm I« ist »eingeschaltet«, wenn Sie, wie gewohnt, mehrmals am Tag essen. Ihr Körper setzt dabei die in der Nahrung enthaltenen Nährstoffe in Energie (Kraft und Wärme) um; Stoffwechselprodukte scheidet er über die Verdauung aus. Übersteigt die dem Körper zugeführte Energiemenge (die in Kalorien/Joule gemessen wird) den Energiebedarf, so wandelt der Organismus den Überschuss in Fett um, das er in Fettdepots einlagert.

Mit diesen Vorratslagern Ihres Körpers sind Sie bestens eingerichtet, um längere Zeit ohne Nahrung auszukommen, denn sobald Sie Ihrem Körper – wie etwa nachts – keine Nahrung mehr zuführen, greift er auf diese Vorräte zurück, baut das Fett ab und setzt es in Wärme und Energie um: Das Energieprogramm II läuft ab. Begleiterscheinungen dieses Prozesses sind – gleich ob Sie »nur« nachts ein paar Stunden lang nichts essen oder ob Sie bewusst länger fasten – Entschlackung und Reinigung des Gewebes sowie Gewichtsverlust.

So wie der Körper jede Nacht ganz automatisch auf sein zweites Energieprogramm umschaltet, so schaltet er auch zu Beginn des Fastens um. Diese Umstellung wird Ihnen ermöglicht durch:

> das Wissen um die im Menschen vorprogrammierte Fähigkeit zum Fasten,

DAS SOLLTEN SIE WISSEN
Wie es die Fragen auf Seite 8/9 und unsere Antworten darauf bereits angedeutet haben, liegt der Schwerpunkt dieses Buches auf dem Erleben der Fastenzeit als einer Zeit der Besinnung, der seelischen Veränderung und Reinigung und wendet sich damit verstärkt an gesunde Menschen, die bereits Erfahrung im Fasten haben und dieses Erleben ausweiten wollen. Falls Sie zum ersten Mal fasten und eine detaillierte Fastenanleitung benötigen, lesen Sie bitte zunächst unser Buch »Wie neugeboren durch Fasten« (siehe »Bücher, die weiterhelfen«, Seite 121).

> das Vertrauen in die Ungefährlichkeit dieses völlig natürlichen Weges,
> den freiwilligen Entschluss zu fasten,
> eine gründliche Darmreinigung (siehe Seite 55).

Wenn Sie sich zu Beginn des Fastens vorstellen, dass Ihr Körper eine herrlich gefüllte Speisekammer hat, aus der er sich eine Zeit lang bestens versorgen kann, hilft Ihnen dieses Bild beim Einstieg ins Fasten, die Gedanken ans Essen loszulassen – und das Fasten wird Ihnen garantiert leichter fallen.

Fasten – der seelische Aspekt
So alt wie das Wissen um das zweite Energieprogramm des Körpers und die Fähigkeit des Menschen zu fasten ist auch die Beobachtung, dass Fasten mehr ist als ein rein körperlicher Prozess. Wer fastet, träumt vermehrt, ist empfindsamer als üblich und beschäftigt sich mehr mit sich selbst: Fasten sensibilisiert die Wahrnehmung und kann auch seelische Reinigung und Entschlackung sein! Wie Sie in dieser Zeit körperlich leichter werden, so können Sie alte Gedanken und Gefühle »loslassen«, sie überprüfen und durch neue ersetzen. Die Methode, die wir Ihnen für diesen seelischen und geistigen Prozess anbieten, ist die Meditation mit inneren Bildern, mit der wir seit Jahrzehnten wunderbare Erfahrungen gemacht haben.

Was ist Meditation?

Meditation bedeutet: den Körper zu entspannen, die Gedanken und Gefühle zur Ruhe kommen zu lassen, sich von äußeren Reizen zurückzuziehen und in das eigene Zentrum zu gehen, sich selbst und das Leben von innen heraus zu betrachten.

»Die Sonne ausschalten, um das Licht von Mond und Sternen zu genießen.«

Alltägliche Meditation

Sicher ist es auch Ihnen schon einmal so gegangen: Sie haben nur eine Kleinigkeit getan, vielleicht ein Bild aufgehängt, eine Blume betrachtet, einem Menschen zugelächelt ... und für einen Moment waren die Welt und das Leben in Ordnung. Sie haben ganz intensiv gespürt, wie lebendig Sie sind und dass alles einen Sinn hat. In solchen Momenten geschieht nichts Außergewöhnliches mit Ihnen – Sie spüren nur, wie es ist, in Harmonie mit sich selbst zu sein. Die Meditation ermöglicht es Ihnen, diesen Einklang von Gedanken und Gefühlen immer wieder bewusst herbeizuführen und zu erleben.

Meditation – ein Weg nach innen

Nicht nur im Osten hat die Meditation (lateinisch *meditari* = nachdenken, einüben) als Methode zur Entspannung und zur Selbsterfahrung eine lange Tradition, etwa als Zen-Meditation oder im Yoga, verbunden mit Mudras oder Mantras. Auch im Westen wurde sie geübt, beispielsweise in der katholischen Kirche unter der Bezeichnung »Exerzitien« (= geistliche Übungen). Dabei schaltet man von der äußeren auf die innere Wahrnehmung.

Das, was geübt werden kann, ist zunächst die Bereitschaft, etwas unvoreingenommen so wahrzunehmen, wie es ist. Das Ziel des Übens ist es, ohne Vorurteile und ganz in Ruhe Dinge anders, aufmerksamer wahrzunehmen, Menschen genauer zu sehen und sich selbst vorbehaltlos betrachten zu können. Wenn Sie in der Meditation geübt sind, werden Sie feststellen, wie häufig auch Sie eher das Bild eines Gegenstandes wahrnehmen als den Gegenstand selbst mit all seinen Einzelheiten. (Wissen Sie etwa auf Anhieb, welche Farbe Ihr Treppenhaus hat? Haben Sie im Kopf, wie viele Stufen Sie täglich hinauf und hinab laufen?)

Doch nicht genug damit, dass wir unsere reale Umgebung meist nur bruchstückhaft wahrnehmen – als Angehörige des westlichen Kulturkreises fühlen wir uns meist nur dann wohl, wenn wir alles verstandesmäßig erklären und einordnen können. Doch unser Verstand ist nur die »eine Seite der Medaille«. Auf der anderen Seite stehen die Kräfte des Unterbewusstseins, die sehr stark sind und uns gemeinhin mehr prägen, als uns das bewusst und (manchmal auch) lieb ist! Ziel der Meditationen in diesem Buch ist es, mit den unbewussten Teilen der eigenen Persönlichkeit

EIN TEST
Nehmen Sie sich fünf Minuten Zeit und notieren Sie spontan, was Ihnen aus Ihrer Kindheit zu folgenden Themen einfällt: Essgewohnheiten, Gesundheit, Rolle des Körpers, Zärtlichkeit, Leistungsanforderungen, Umgangsformen miteinander. Schauen Sie sich diese Gedankensammlung nach dem vierten oder fünften Fastentag noch einmal an und vergleichen Sie sie dann mit den Erkenntnissen aus den Übungen.

Kontakt aufzunehmen, in Einklang mit den eigenen Gedanken zu kommen, aber auch in Harmonie mit den eigenen Träumen, Wünschen und den im Unterbewusstsein gespeicherten Vorstellungen und Kräften.

Meditieren mit Bildern

Haben Sie schon andere Meditationsformen kennen gelernt und fragen sich, warum die Meditationsübungen in diesem Buch alle mit Bildern verknüpft sind? Die Bildersprache ist die Sprache des Unterbewusstseins, die Ihnen aus Träumen bekannt ist. Und so wie Sie sich im Urlaub, wenn Sie in ein fernes Land reisen, in dem eine andere Sprache gesprochen wird, soweit es Ihnen möglich ist, auf diese Sprache einstellen, um die Menschen dort zu verstehen und verstanden zu werden, so können Sie über die Sprache in Bildern die Botschaften Ihres Unterbewusstseins verstehen.

Denken Sie einmal an die Werbung, die Bilder einsetzt als Mittel, um Ihr Unterbewusstsein zu erreichen und Wünsche zu wecken. Wenn die Werbung nicht erfolgreich wäre, würde die Industrie nicht so viel Geld dafür ausgeben. Wenden Sie dieses Mittel – Bilder kombiniert mit Gefühlen – für Ihre eigenen Ziele an!

Meditieren – warum in der Fastenzeit?

Im Fasten ist die Seele offener und der Geist ist klarer, wodurch wir selbst leichter Zugang zu unseren tieferen Schichten bekommen.

Fasten – Zeit für Gefühle

Oft machen sich in der Fastenzeit verstärkt Gefühle bemerkbar, denen wir im Alltag keine Beachtung geschenkt haben. Wir nehmen uns und unsere Umgebung sensibler wahr. Es können Empfindungen des intensiven augenblicklichen Erlebens sein, es können aber auch alte Gefühle auftauchen, die wir verdrängt hatten – Gefühle, die wahrgenommen und angenommen werden wollen, um integriert, verwandelt oder verabschiedet zu werden.

Wollen Sie sich bewusst mit bestimmten Bereichen Ihrer Gefühlswelt beschäftigen, die mit Ihrem Gewicht, mit Ihren eigenen Gewohnheiten oder Ihrer Gesundheit verbunden sind? Oder möchten Sie sich Ihrer Kindheit zuwenden, unverarbeiteten Erlebnissen, Ihrem Selbstwert und Ihrer Selbstliebe? Die Meditationen mit Bildern zeigen Ihnen hierzu Wege auf.

Fasten – Gewohnheiten loslassen

Unser Bezug zum Körper, zum Essen, zur Bewegung und zu uns selbst ist mit Gewohnheiten verknüpft, die bereits in der Kindheit geprägt wurden und sich mit diesem Muster im Unterbewusstsein angesiedelt haben. Denn bei Kindern gehen Wahrnehmungen ungefiltert ins Unterbewusstsein. Von dort aus unterwandern sie im Erwachsenenalter oft unsere Bemühungen, alte Gewohnheiten zu verändern, unserem heutigen Verstehen anzupassen.

Gerade Essgewohnheiten sind nicht nur ein Akt der Vernunft unter den Gesichtspunkten »Kalorien«, »Nährwert« oder »Schadstoffe« für die Versorgung unseres Körpers. Denn Essen ist wesentlich mehr. Was gehört dazu, wenn zwei Menschen heiraten, ein Kind getauft wird, Freunde zu Besuch kommen oder Menschen sich versöhnen? Es wird gegessen.

Deshalb sind all jene Diäten zum Scheitern verurteilt, bei denen Sie nur Kalorien zählen. Sie werden zwar ein paar Kilo verlieren; aber in einer Situation, die Ihre Gefühle in Aufruhr versetzt, essen Sie wieder, weil Ihre Gefühle Sie dazu drängen! In der Zeit des Fastens erleben Sie Ihre Gefühle intensiver als sonst und mit Hilfe der Meditation lernen Sie, Ihre Gefühle zu beachten und ihnen anders Ausdruck zu verleihen als durch essen. Dadurch gehen Sie den ersten Schritt, um die Verknüpfung »unkontrollierte (oder kontrollierte) Gefühle – unkontrolliertes Essen« aufzulösen.

Fasten und meditieren: Neue Wege finden

Wenn Sie Ihre Gewohnheiten, speziell Ihre Essgewohnheiten, wirklich ändern wollen, kämpfen Sie nicht länger gegen Ihr eigenes, im Unterbewusstsein gespeichertes Programm an, sondern lösen Sie sich im Fasten von Ihren (Ess-)Gewohnheiten und nehmen Sie in den Meditationsübungen, die wir Ihnen in diesem Buch zusammengestellt haben, Kontakt zu den Kräften Ihres Unterbewusstseins auf. Sie werden Ihnen helfen, Lösungen zu finden.

BEISPIELE FÜR ALLTÄGLICHE MEDITATIONEN

> Gehen Sie versunken durch die Natur und beobachten Sie die Blumen, Insekten, Vögel…
> Schauen Sie Kindern beim Spielen zu.
> Setzen Sie sich vor eine brennende Kerze oder eine Rose und verweilen Sie einfach in der Betrachtung.
> Tauchen Sie voll Genuss in den nächtlichen Sternenhimmel ein.
> Lassen Sie ein ruhiges Musikstück auf sich wirken und versinken Sie in der Musik.
> Beobachten Sie in aller Ruhe Ihren Atem.

WISSENSWERTES FÜR DIE PRAXIS

Stimmen Sie sich gedanklich auf die Fastenwoche ein. Hier finden Sie alles Wichtige, damit die Erfahrungen der kommenden Tage für Sie zum Erfolg werden.

Fasten zu Hause 20
Fasten und meditieren leicht gemacht 23
Einstimmung auf die Meditation................. 29

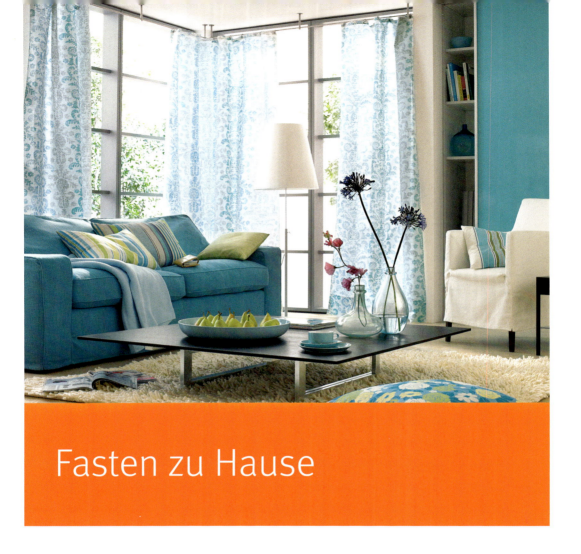

Fasten zu Hause

Wer aus Krankheitsgründen in einer Klinik fastet oder sich eine Auszeit nimmt in einem Haus, das Fasten anbietet, erhält theoretische und praktische Hilfen. Wenn Sie zu Hause fasten, helfen Ihnen zur Vorbereitung die nachfolgenden Hinweise.

Wer darf fasten, wer nicht?

Wenn Sie gesund sind, keine Medikamente benötigen, voll leistungsfähig sind und sich zutrauen, den Anleitungen zum Fasten zu folgen, steht der Durchführung einer Fastenwoche zu Hause nichts im Wege. Wer sich hinsichtlich seines Gesundheitszustands nicht ganz sicher ist, sollte einen fastenerfahrenen Arzt fragen, bevor er zu fasten beginnt! Vor dem 14. Lebensjahr, aber auch, wenn Sie über 60 oder wenn Sie behindert sind, suchen Sie für Ihr erstes Fasten am besten ein ärztlich geleitetes Fastenhaus oder eine Fastenklinik auf. Bevor Sie sich zum Fasten zu Hause entschließen, sollten Sie folgende Gesichtspunkte kennen und sie in Ihre Entscheidung einbeziehen:

Fasten – wo und mit wem?

Von vielen wird das Fasten in einer Fastenklinik unter ärztlicher Betreuung und mit Gleichgesinnten als große Erleichterung empfunden. Andere dagegen bevorzugen die gewohnte Umgebung zu Hause mit ihrer Geborgenheit und Routine. Wenn Sie allein zu Hause fasten wollen, brauchen Sie nur ein wenig mehr Entschlossenheit. Eine Kombination aus Unterstützung von außen und gewohnter Umgebung bieten die Fastengruppen, die es in vielen Städten gibt. Hier finden Sie Begleitung durch erfahrene Fastenleiter und be-

UND DAS VERÄNDERT SICH IM FASTEN

So reagiert Ihr Körper im Fasten:
> Das »Innentempo« ist meistens verlangsamt; vieles braucht mehr Zeit als gewohnt.
> Der Kreislauf ist phasenweise nicht so stabil wie sonst.
> Denk-, Merk- und Reaktionsvermögen können verzögert sein.

So reagiert Ihre Seele im Fasten:
> Fastende sind häufig empfindsamer und dadurch schutzloser gegen Angriffe.

WICHTIG: WER NICHT FASTEN SOLLTE

> Stillende und schwangere Frauen sollten auf die Zeit danach warten. Es ist wissenschaftlich noch nicht geklärt, ob dem Baby die Entgiftungs- und Entschlackungsvorgänge beim Fasten schaden oder nicht.
> Wer nervlich labil ist, wer seit längerer Zeit schwermütig ist oder unter Bulimie leidet, sich in einer psychologischen, psychotherapeutischen oder psychiatrischen Behandlung befindet, sollte nicht selbstständig fasten und zunächst seinen Therapeuten um Rat fragen.
> Wer es sich nicht zutraut, alleine zu fasten, oder wer es nicht wirklich will. Lassen Sie sich auch nicht von anderen dazu drängen.

kommen bei den gemeinsamen Treffen Anregungen für das Fasten zu Hause. Darüber hinaus kann Ihnen die vertraute Umgebung Sicherheit geben, vor allem dann, wenn Sie zum ersten Mal fasten und alles noch neu für Sie ist (ausführliche Hinweise finden Sie im GU Ratgeber »Wie neugeboren durch Fasten«, siehe Seite 122).

Für welche Form des Fastens Sie sich auch entscheiden – sollte sich Ihr Partner Ihrem Vorhaben anschließen oder zumindest Verständnis dafür aufbringen, haben Sie die besten Voraussetzungen, um die vor Ihnen liegende Fastenwoche zu einem positiven Erlebnis werden zu lassen.

Der richtige Zeitpunkt

Um innerlich entspannen zu können, braucht jeder von uns ein Mindestmaß an Ruhe und Geborgenheit. Versuchen Sie, die Fastenwoche möglichst in eine Zeit zu legen, in der Sie wenig gestört sind: Eine Woche etwa, in der Ihre Kinder oder Ihr (nicht fastender) Partner nicht da sind, ist eine optimale Gelegenheit. Suchen Sie nach der besten Möglichkeit, sich Ruhe und Muße zu gönnen, und sprechen Sie sich vorher mit Ihren Angehörigen ab.

WICHTIG FÜR IHR WOHLERGEHEN

- Wer einen Beruf ausübt, der ihn stark fordert, wer im Beruf für das Wohl anderer Menschen verantwortlich ist, wer mit Maschinen umgehen muss und dadurch unfallgefährdet ist (Dreher, Taxi- oder Busfahrer, Bahnführer), darf im Arbeitsalltag nicht fasten!
- Autofahrer müssen wissen: Konzentration, Sehvermögen und Reaktionsfähigkeit können in der Fastenzeit herabgesetzt sein.
- Wer sich durch seinen Alltag überfordert fühlt, wer überreizt oder erschöpft ist (durch Krankheit oder eine Operation), sollte erst dann ans Fasten denken, wenn er sich wieder gesund und wohl fühlt.
- Wer regelmäßig Medikamente nehmen muss, sollte in eine Fastenklinik gehen.
- Wer ein chronisches Leiden oder fehlende Gewichtsreserven hat, darf nur unter der Leitung eines fastenerfahrenen Arztes fasten.

Fasten und meditieren leicht gemacht

Auch wenn Sie bereits Fastenerfahrung haben, sollten Sie die folgenden Anleitungen lesen. Sie rufen Ihnen alles ins Gedächtnis zurück, was Sie wissen müssen, um das Fasten in der bestmöglichen Weise anzugehen, um Tag für Tag bewusst zu erleben, was im Fasten anders ist als sonst. Zu den großen Fastenthemen wie Ausscheidung, Wärmehaushalt und Schlaf finden Sie in den Erläuterungen zu den Fastentagen ab Seite 54 ausführliche Informationen und nützliche Anwendungshinweise.

Erstfaster lesen alles Wissenswerte für ein sicheres Fasten ausführlich im GU Ratgeber »Wie neugeboren durch Fasten« (siehe »Bücher, die weiterhelfen« auf Seite 121).

Das Aufstehen am Morgen

Obwohl Ihr Kreislauf in der Fastenzeit normal funktioniert, kann es vorkommen, dass Sie morgens mit Schwindelgefühl, Schwäche oder Übelkeit zu kämpfen haben, wenn Sie so schnell aus dem Bett springen wie gewohnt. Da Kreislauf und Muskeltätigkeit im Fasten ein wenig verlangsamt sind, sollten Sie ganz »bewusst« aufstehen:

> Noch im Bett sollten Sie sich genüsslich räkeln – strecken – dehnen – gähnen.
> Setzen Sie sich einen Augenblick auf den Bettrand, bevor Sie aufstehen.
> Spritzen Sie sich dann im Bad erst einmal kaltes Wasser ins Gesicht.

WIE ES KNEIPP GELEHRT HAT

> Waschen Sie den ganzen Körper – an Händen und Füßen beginnend, dem Herzen zu – kalt ab; schlüpfen Sie dann, ohne sich abzutrocknen, wieder zurück ins Bett.
> Duschen Sie sich kurz kalt ab, danach abtrocknen und rasch zurück ins Bett.
> Wenn Sie warm geduscht haben: abschließend einen Arm- und Gesichtsguss mit kaltem Wasser machen.
> Gehen Sie kurz auf die Wiese zum Tautreten oder laufen Sie durch den Schnee: Dann schnell zurück ins warme Bett und das prickelnde Gefühl genießen, wenn Ihre Füße wieder warm werden.

> Wenn Sie etwas mehr für sich tun wollen oder wenn Sie ohnehin unter niedrigem Blutdruck leiden, empfiehlt es sich, die folgenden Vorschläge zu beachten.

Fünf Minuten Morgengymnastik

Machen Sie morgens ein wenig Gymnastik, um die müden Glieder aufzuwecken und den lahmen Kreislauf anzukurbeln. Sie sollten ein paar Minuten lang
> alle Muskeln dehnen,
> die steifen Gelenke lockern,
> die starre Wirbelsäule sanft in alle Richtungen biegen.

Sie können auch beschwingt nach flotter Musik tanzen – das belebt und stimmt fröhlich.

Luftbad am offenen Fenster

Ein Luftbad am Morgen ist ein guter Start in den neuen Tag: Stellen Sie sich nackt ans geöffnete Fenster und massieren Sie Ihren Körper – beginnend an Finger- und Zehenspitzen – kräftig durch, bis Sie sich wohlig warm fühlen. Nehmen Sie dabei ein derbes Frottierhandtuch, eine weiche Badebürste oder einen Bürstenhandschuh zu Hilfe. Ein Luftbad von drei bis fünf Minuten regt den Kreislauf an und stabilisiert ihn.

Was kann man sich während des Fastens zumuten?

Sie können Ihren Garten umgraben, wenn Sie sich Zeit dazu lassen. Sie können eine Radtour machen, schwimmen, wandern, Skilanglauf genießen… Da Ihr Kreislauf etwas langsamer reagiert als sonst, können Sie Ihre Kräfte nicht so spontan aktivieren, aber Ausdauerleistungen gelingen Ihnen jetzt nicht nur so gut wie sonst, sondern oft sogar noch besser.

Drei mal täglich ruhen

Der Wechsel zwischen Spannen und Entspannen, Bewegen und Ruhen bewirkt am schnellsten körperliche und seelische Ausgeglichenheit. Deshalb: Nach jeder Aktivität ruhen!

GU-ERFOLGSTIPP

Wichtig ist, dass Sie sich dreimal täglich körperlich kräftig betätigen, damit im Fasten Ihre gewohnte Leistungsfähigkeit erhalten bleibt. Wer seine Fastenzeit vorwiegend im Bett zubringt, wird an Kraft und Leistungsfähigkeit verlieren – ebenso wie ein gut genährter nicht fastender Mensch, der eine Woche im Bett liegt. Denn Muskeln, die nicht gefordert werden, bauen Eiweiß statt Fett ab. (Durch Eiweißzufuhr lässt sich dies nicht verhindern.) Wer fastet, kann selbstverständlich auch geistig arbeiten; und er ist in der Lage, künstlerisch-schöpferisch tätig zu sein – häufig mit besseren Resultaten als sonst.

> Lesen Sie nicht zu viel. Wenn Sie gerne lesen, machen Sie immer wieder zwischendrin Lesepausen: Augen schließen – ausruhen – entspannen – meditieren – träumen.
> Lassen Sie dem Körper Zeit für seine Fastenarbeit. Er baut jetzt ab, er baut um, er baut auf. Legen Sie sich so oft wie möglich hin, in jedem Fall aber sollten Sie nach jeder »Mittagsmahlzeit« ruhen. Es wird Ihnen gut tun, sich eine nicht zu prall gefüllte Wärmflasche auf den Bauch zu legen.

Körperliche Veränderungen im Fasten

Da Sie während der Fastentage in einer Art Ausnahmezustand leben, können einige Körperfunktionen vorübergehend verändert sein, was sich nach dem Fasten von selbst wieder normalisiert.

Sehen: Haben Sie den Eindruck, schlechter zu sehen als sonst? Im Fasten lässt der normale Augendruck etwas nach. Seien Sie unbesorgt, das kommt rasch wieder in Ordnung; und meist sehen Sie nach dem Fasten besser als zuvor.

Verstehen: Wenn Sie in der Fastenwoche einen Abschnitt mehrmals lesen müssen, um ihn zu verstehen, lassen Sie sich dadurch nicht verunsichern, Ihre Aufmerksamkeit ist jetzt mehr nach innen gerichtet, weniger nach außen.

Merken: Sie vergessen im Fasten plötzlich, was eben gesagt wurde, Sie können nicht so rasch formulieren wie sonst – keine Sorge, auch Ihr Kopf macht Ferien. Er ruht sich eine Weile von den alltäglichen Belastungen aus.

Die sexuelle Potenz kann sich vorübergehend verändern – vermindern oder steigern. Sie wird nach dem Fasten besser und ausgewogener sein.

Die Monatsregel kann sich durchs Fasten verschieben, sie kann schwächer oder stärker sein als sonst. Auch hier kommt es nach dem Fasten eher zu einer Normalisierung.

Richtig meditieren

Es gibt keineswegs nur eine richtige, sondern viele verschiedene Arten zu meditieren. So wie es verschiedene Sprachen und Kulturen gibt, so gibt es auch unterschiedliche Formen der Meditation,

MEDITIEREN DARF NICHT: wer psychisch krank ist oder wer in psychologischer, psychiatrischer oder psychotherapeutischer Behandlung steht (Ausnahme: in Absprache mit Ihrer therapeutischen Begleitung).

TIPPS FÜR DAS FASTEN IM BERUFLICHEN ALLTAG

- Nehmen Sie sich mehr Zeit als sonst für die Morgentoilette und die Morgengymnastik.
- Machen Sie sich eher als sonst auf den Weg zur Arbeit. Nicht hetzen!
- Statt des Lifts die Treppe benutzen – Bewegung ist wichtig.
- In der Mittagspause ist Zeit für einen Spaziergang an der frischen Luft, eine kurze Meditation oder ein Schläfchen.
- Denken Sie an den veränderten Körper- und Mundgeruch: Den Mund häufig mit Wasser und einem Spritzer Mundwasser spülen; Pfefferminz ohne Zucker nehmen.
- Nach Feierabend bewusst entspannen.
- Wenn Sie in einer Fastengruppe sind: Treffen Sie sich regelmäßig nach der Arbeit mit Ihren Mitfastern. Tauschen Sie am Telefon Ihre Fastenerfahrungen aus.

die einem mehr oder weniger zusagen. Allen gemeinsam ist, dass man sich an einen ruhigen Ort zurückzieht, um still zu sein und in sich hineinzuhorchen.

Wer darf meditieren, wer nicht?

Jeder gesunde Mensch kann meditieren und manche machen es, ohne es als solches zu benennen, indem sie zur Ruhe kommen, sich mittags kurz hinlegen und vom Alltag abschalten, um ihre Kräfte zu sammeln.

In diesem Buch sind die Meditationen auf das Erleben im Fasten abgestimmt und auf Themen, die viele in der Fastenzeit bewegen.

Da Sie in der Meditation Kontakt mit Ihrem Unterbewusstsein aufnehmen, können sich altbekannte, verdrängte Gefühle und Gedanken melden. Nehmen Sie sich dann Zeit, sie niederzuschreiben. Durch das Aufschreiben begegnen wir unseren Gefühlen und unserer Seele respektvoll und entlastend, vor al-

Die wichtigste Voraussetzung für eine gelungene Meditation: abschalten und zur Ruhe kommen.

lem, wenn unangenehme Empfindungen auftauchen. Zu einem späteren Zeitpunkt entlassen Sie das Niedergeschriebene – am besten durch Verbrennen –, um die Emotionen sichtbar zu verabschieden.

Meditieren – die äußeren Bedingungen

Die Übungen dieses Buches sind so aufgebaut, dass Sie sie allein zu Hause durchführen können. Bereiten Sie sich innerlich und äußerlich auf die Meditationsübungen vor, denn diese Zeit ist besonders kostbar für Sie!

Der Ruheplatz

Für das Meditieren muss nicht eigens ein separater Raum eingerichtet werden. Suchen Sie sich einen Platz, an dem Sie sich gerne aufhalten und für die Dauer der Übungen ungestört sind. Wenn Sie den Raum vorher gut lüften und ein wenig abdunkeln, haben Sie optimale äußere Bedingungen für Ihre Meditationsübungen geschaffen.

Die Kleidung

Sie brauchen sich nichts Besonderes zu kaufen. Achten Sie nur darauf, dass Sie sich in Ihrer Kleidung wohl fühlen und dass sie Sie nicht beengt. Lockern Sie ein wenig den Kragen und den Hosen- oder Rockbund. Legen Sie ab, was Sie stören könnte, wie Brille oder Uhr und ziehen Sie die Schuhe aus. Wenn Sie leicht kalte Füße bekommen, sollten Sie sich Wollsocken anziehen.

So üben Sie

Machen Sie es sich im Liegen oder im Sitzen bequem und stellen Sie sich innerlich auf das Üben ein. Lesen Sie sich den Text der Übung jeweils aufmerksam durch, bis er Ihnen in seinem Sinn vertraut ist. Schließen Sie die Augen, atmen Sie ein paarmal ruhig ein und aus, und entspannen Sie sich (siehe Seite 30f.). Wenn Sie Autogenes Training, die Progressive Muskelentspannung nach Jacobson oder eine andere Entspannungsmethode kennen, wenden Sie diese Technik als Einstieg in die Meditation an.

Einstimmung auf die Meditation

Die wichtigste Voraussetzung: Sie schenken sich eine Zeit der Ruhe mit sich selbst. Wenn Sie als Zeichen dafür eine Kerze anzünden wollen oder es gewohnt sind, leise Meditationsmusik dabei zu genießen, tun Sie es. Gestalten Sie sich das Umfeld nach Ihren Bedürfnissen. Zu diesen Meditationen werden keine speziellen Rituale angeboten, da diese bildhafte Meditationsform für Sie vor allem »alltagstauglich« sein soll, also zu jeder Zeit und an jedem Ort durchführbar.

Das Visualisieren

Um zu meditieren, müssen Sie keine schwierige Technik erlernen – Sie brauchen nur etwas bewusst zu tun, das Sie sonst unbewusst tun: Gedanken und Bilder, die aus Ihrem Inneren auftauchen, aufmerksam und ruhig betrachten. Diese bewusste Projektion innerer Bilder in der Meditation wird »Visualisierung« genannt. Der Inhalt dieser inneren Bilder ist nie Zufall. Vielmehr kann der geübte Beobachter aus ihnen Schlüsse über die seelische Situation eines Menschen ziehen.

Der mögliche Symbolgehalt Ihrer Bilder wird jeweils im Anschluss an die Meditationsübungen aufgezeigt. Die Deutungen sind allerdings nichts Absolutes, sondern Angebote, denn jeder Mensch ist anders, auch in der Bilderwelt. Horchen Sie auf Ihr Gefühl. Hatten Sie ein Aha-Erlebnis? Wenn Sie sich angesprochen fühlen, dann nehmen Sie die Anregung auf, wenn sie Ihnen nichts sagt, lassen Sie sie einfach stehen.

Wege zur Entspannung

Sicher haben Sie Ihre eigene Methode, um sich zu entspannen, vielleicht bei der Gartenarbeit, beim Wandern oder Joggen oder bei einem Hobby. Der Unterschied zur Entspannung, wie sie in der Meditation erreicht werden kann, besteht darin, dass Sie während der Meditation die Entspannung wahrnehmen und bewusst Kontakt zu Ihrem Unterbewusstsein aufnehmen.

Die Fähigkeit, sich zu entspannen, ist von Mensch zu Mensch verschieden und wächst mit der Übung. So wie manch einer in der Lage ist, im Urlaub vom ersten Tag an abzuschalten, sich an den Strand zu legen und Sonne und Meeresrauschen zu genießen, so gibt es Menschen, die nicht so rasch zur Ruhe kommen. Selbst wenn sie am Strand liegen, haben sie im Urlaub besonders in den ersten Tagen den Kopf noch voller Gedanken oder sind innerlich noch zu Hause bei der Arbeit. Ihre ersten Meditationsversuche können ähnlich aussehen: Sie schließen zwar die Augen, aber schon fliegen Ihnen tausend Gedanken durch den Kopf, und von Entspannung sind Sie weit entfernt. Lassen Sie Ihre Gedanken ruhig »fliegen«, aber leiten Sie sie …

Meditationsübung zur Entspannung

Die Frage, ob Sie sich leicht entspannen und visualisieren können, wird in der Theorie nicht zu beantworten sein. Beginnen Sie mit der folgenden Übung und machen Sie Ihre eigenen Erfahrungen.
Vorbereitung: Machen Sie es sich an Ihrem Ruheplatz bequem, lesen Sie den folgenden Text aufmerksam durch, wie auf Seite 28 beschrieben. Entspannen Sie sich und beginnen Sie anschließend mit der Übung.

Übung

› Versetzen Sie sich in Gedanken an einen Urlaubsort, an dem es Ihnen besonders gut gefallen hat. Lassen Sie die Landschaft möglichst genau vor Ihrem inneren Auge erscheinen.

› Wenn Sie die Landschaft deutlich vor Augen hatten, herzlichen Glückwunsch zu dieser gelungenen Erfahrung!

› Wenn Sie Schwierigkeiten hatten, die Landschaft vor Ihr inneres Auge zu holen, kann Ihnen ein einfacher Trick helfen: Beschreiben Sie sich mit Worten Ihre Landschaft selbst. Erzählen Sie sich, wie sie aussehen würde, wenn Sie sie sehen könnten. Sie gehören dann zu den Menschen, die Bilder nicht gleich klar sehen, die aber genau wissen, wie sie aussehen würden. Wenn Sie länger mit dieser Technik arbeiten, werden sich auch bei Ihnen Bilder einstellen!

Die Meditation abschließen

In der Meditation sinken Sie in einen Zustand zwischen Schlafen und Wachen. Nach Beendigung der Übung kehren Sie – so wie an jedem Morgen – ganz in Ihr normales Wachbewusstsein zurück. Eine erprobte Hilfe, um rasch wieder ins völlige Wachbewusstsein zu kommen, ist die Vorstellung, dass Sie aus der Entspannung wie auf einer Treppe nach oben gehen, bis Sie das Gefühl haben, »angekommen« zu sein. Sie können aber auch einfach das Bild, das Sie vor Augen haben, loslassen, sich von ihm verabschieden. Räkeln und strecken Sie sich dann langsam, spannen Sie alle Muskeln an und atmen Sie tief durch, bis Sie sich munter fühlen und Ihr Kreislauf wieder in Schwung gekommen ist.

TIPP: Genießen Sie Ihren Urlaubsort mit allen Sinnen

› Fühlen Sie die Rinde eines Baumes mit Ihren Fingern oder den Wind auf der Haut.
› Nehmen Sie die Gerüche wahr, von den Blumen oder vom Meerwasser.
› Genießen Sie die Farben der Natur.
› Lauschen Sie auf Vogelgezwitscher oder andere Geräusche.
› Kosten Sie den Geschmack eines Apfels oder einer anderen Frucht.

Sollten sich Ihre Bilder nicht gleich klar einstellen, können die anderen Sinne Ihnen den Einstieg in die Meditation erleichtern.

DIE FASTENTAGE

Freuen Sie sich auf diese erlebnisreichen Tage! Je achtsamer Sie mit Ihrem Körper umgehen, umso bereichernder wird Ihre Erkundungsreise sein.

Das Fasten vorbereiten 34
Der Entlastungstag 44
Der erste Fastentag 52
Der zweite Fastentag 60
Der dritte Fastentag 68
Der vierte Fastentag 76
Der fünfte Fastentag 84

Das Fasten vorbereiten

Die Fastenwoche ist eine Zeit, in der Sie sich aus dem normalen Alltagsablauf ausklinken: Sie nehmen an den täglichen Mahlzeiten nicht teil. Auch sind Sie innerlich mehr mit sich selbst beschäftigt und haben größeren Abstand zu Ihrer Umgebung und zu Ihren Mitmenschen. Das macht Sie unabhängiger von gewohnten Verhaltensweisen, vielleicht befreit es Sie auch von Zwängen. Unterstützen Sie dieses Gefühl, frei von äußeren Einflüssen zu sein, auch dadurch, dass Sie alles, was Sie zum Fasten benötigen, vorab vorbereiten und einkaufen. Damit gehen Sie außerdem Versuchungen aus dem Weg, die Ihre Entscheidung untergraben könnten.

Einkaufslisten

Sorgen Sie dafür, dass die Lebensmittel und Gegenstände, die auf der Einkaufsliste für die Fastentage zusammengestellt sind, am Vorabend des Entlastungstages, des ersten Tages Ihrer Fastenwoche, im Haus sind. Und das brauchen Sie:

Für die ersten sechs Tage
Je nachdem, ob Sie Ihren Entlastungstag mit Obst, Rohkost oder Reis machen (siehe Rezepte Seite 45), müssen Sie besorgen:
> für den Obsttag 1,5 kg Obst,
> für den Rohkosttag 1,5 kg Gemüse, Obst und Salat,
> für den Reistag 150 g Vollreis, 2 Tomaten, 1 Apfel oder etwa 150 g Apfelmus ohne Zucker,
> Pflanzenöl, 1 Zitrone, nach Wunsch Kräuter und Gewürze.

Außerdem:
> verschiedene Sorten Kräuter- oder Früchtetee oder frische Kräuter aus dem Garten (Pfefferminze, Melisse),
> Schwarz- oder Ginsengtee, falls Sie zu niedrigem Blutdruck neigen,
> mindestens 10 Flaschen kohlensäurearmes oder stilles Mineralwasser (nicht nötig, wenn Sie gutes Quell- oder Leitungswasser zur Verfügung haben),
> 1 Flasche (0,5 l) Sauerkrautsaft,
> 5–10 Zitronen,
> 1 Packung (200 g) Hefeflocken,
> 1 kleine Packung (250 g) Leinsamen,
> 30–40 g Glaubersalz aus der Apotheke.

Je nach Wahl Ihrer Fastenbrühe
> Gemüse und Gewürze für Ihre Fastenbrühe (Zubereitung siehe Seite 54); eventuell Reis, Leinsamen und Haferflocken für die Getreideschleimzubereitungen (siehe Seite 54).

DARAUF SOLLTEN SIE ACHTEN

Wärmere Kleidung als sonst kann von Nutzen sein, denn vielen Menschen wird, wenn sie fasten, leichter kalt als sonst.

Auch werden Sie Ihre Unterwäsche häufiger wechseln müssen, da Fasten immer auch Entschlackung bedeutet und die Haut als wichtiges Ausscheidungsorgan kräftig ausdünstet.

Je nachdem, was Sie für den Abend wählen:
> 1,5 l Gemüsesaft nach Ihrer Wahl (aus biologischer Herstellung und ungesüßt) oder
> 1,5 l Obstsaft nach Ihrer Wahl (aus biologischer Herstellung und ungesüßt),

Sie können auch beides kombinieren oder aber mehr Gemüsebrühe kochen.

Auch das brauchen Sie:
> Einlaufgefäß (Irrigator) mit Schlauch und Darmrohr,
> Handtuch (Leinen!),
> Hautöl und Trockenbürste für die Haut,
> Wärmflasche,
> Malutensilien.

Einstimmende Meditationsübung: Huhn oder Löwe?

Für die folgende Übung benötigen Sie nur die Bereitschaft, sich auf ein Bilder- und Gedankenspiel einzulassen.

Ist das Tier, dem Sie in der Meditation begegnen, bedrohlich für Sie? Dann nehmen Sie ganz behutsam Kontakt auf.

WICHTIG
Machen Sie immer zunächst die Übung und lesen Sie danach erst die Erläuterung! Ansonsten sind Sie beim Üben nicht frei, sondern schon beeinflusst.

Übung I

> Lassen Sie in Ihrer Fantasie spontan ein Tier auftauchen, das Ihrem Gefühlsleben entspricht. Akzeptieren Sie das Tier, das als Erstes auftaucht. Freuen Sie sich über die Begegnung, weil es Ihr Lieblingstier ist, oder sind Sie erschrocken, weil Ihnen das Tier unangenehm oder gar bedrohlich für Sie ist? Ist es Ihnen fremd oder gleich vertraut, aggressiv oder scheu, ganz ruhig oder auf dem Sprung? Können Sie mit ihm reden? Lässt es sich berühren, vielleicht sogar streicheln? Oder ist Ihnen das Anfassen unangenehm? Probieren Sie, was Ihnen hilft, Kontakt aufzunehmen, um das Tier bestmöglich kennen zu lernen.

> Wenn Ihnen diese Übung leicht fiel, können Sie gleich noch ein zweites Tier erscheinen lassen, das Ihren Verstand symbolisiert – nehmen Sie wieder aufmerksam und zugewandt den Kontakt auf, mit aller Tierliebe, zu der Sie fähig sind!

Gedankenspiel

Fiel Ihnen diese spontane Übungsform schwer? Dann probieren Sie es doch einmal mit den folgenden Gedanken:

> »Welches Tier entspricht mir?«

> Stellen Sie sich dann das Essverhalten verschiedener Tiere vor. Mit welchem Tier würden Sie sich im Essverhalten vergleichen? Stellen Sie sich Fragen wie: »Picke ich wie ein Huhn im Essen herum?« – »Zermahle ich am liebsten Körner wie ein Pferd?« – »Schlage ich mir ruhig und stetig den Magen voll wie eine Kuh?« – »Spiele ich mit dem Essen wie ein Affe?« – »Esse ich einmal am Tag wie ein Löwe, um danach zu ruhen?«

> Fragen Sie sich, welches Tier Ihrem Erscheinungsbild und Ihrem Temperament am ähnlichsten ist: »Bin ich grazil und ständig auf dem Sprung wie eine Gazelle?« – »Verhalte ich mich ruhig und bedächtig wie ein Elefant?« – »Bin ich stark und einzelgängerisch wie ein Bär?« – »Bin ich fleißig und treu wie ein Biber?«

> Überlegen Sie: »Wie fühlt sich dieses Tier?« (Ist es gefangen? Wird es geliebt? Ist es aggressiv? ...)

> Vielleicht finden Sie ein Tier, vielleicht auch zwei Tiere. Lassen Sie sich Zeit mit Ihrer Antwort, bis Sie sich Ihrer Wahl sicher sind.

Die inneren Bilder – was sie bedeuten können

Vielleicht haben Sie sich über das Thema Ihrer ersten Meditationsübung etwas gewundert und fragen sich, was das Ganze soll. Sicher aber sind Sie auch neugierig, den Sinn dieser Übung zu erfahren.

Symbole der Seelenkräfte

Unbewusst verbinden wir Menschen mit den verschiedenen Tiergestalten bestimmte Eigenschaften. So wie Herrscherhäuser ein Wappentier wählen, so wie Naturstämme unter dem Schutz ihres Totemtieres leben, so verkörpert jedes Tier, das Sie eben gewählt haben, Eigenschaften, die Sie auch bei sich selbst finden.

Während wir davon ausgehen, dass alle Menschen ähnlich funktionieren, finden wir es selbstverständlich, dass jedes Tier andere Lebensrhythmen hat, sich anders ernährt und unterschiedliche Umgangsformen benötigt. Mit einer verschmusten Hauskatze gehen wir anders um als mit einer fauchenden Raubkatze. Und während ein scheues Reh viel Zuspruch braucht, sollten wir im Umgang mit einem Krokodil äußerste Wachsamkeit walten lassen.

So bunt, wie die Tierwelt ist, so vielfältig sind auch die Menschen und ihre Wesenszüge, und so unterschiedlich arbeiten Verstand und Gefühle. Dieser symbolhafte Zugang kann die Unterschiedlichkeit der Eigenschaften, mit denen wir es zu tun haben, sichtbar und greifbar machen.

Ein Beispiel: Eine Frau war einmal völlig enttäuscht, als sie sich in der Meditation als Regenwurm sah. Aber es war eine wunderbare Beschreibung ihrer Person, denn in ihrem Leben und besonders in ihrer Familie machte sie »Untergrundarbeit« und stellte aus »Dreck« Humus her; sie verwandelte alle Schwierigkeiten gleichsam in etwas Nützliches. Werten Sie also nicht, sondern fühlen Sie sich in das Tier ein.

GU-ERFOLGSTIPP

Wenn Ihnen die »tierische« Begegnung mit sich selbst gefallen hat, können Sie sie vertiefen, indem Sie nicht nur für Verstand und Gefühl das jeweilige Tier auftauchen lassen, sondern auch für Ihren Geist, Ihre Intuition, Ihren Körper oder andere Aspekte, die Sie interessieren. Und Sie können eine Tierkonferenz einberufen, um die Teamarbeit der Tiere (und damit die Teamarbeit von Verstand, Gefühl, Intuition und Körper) zu verbessern. Wenn Ihnen Chakren, die Energiezentren des Körpers, vertraut sind, dann lassen Sie für jedes Chakra ein Tier erscheinen und bitten es um gute Zusammenarbeit. Wie gefällt Ihnen die Idee, Ihre Familienmitglieder einmal als Tiere zu betrachten, um die Beziehungsstrukturen besser zu verstehen? Auf diese Weise werden manche Umgangsformen verständlicher, und Sie können eine »tierische« Lösung für Konflikte finden.

Übung II

> Schließen Sie noch einmal die Augen und probieren Sie aus, wie Sie den Kontakt verbessern können. Seien Sie dabei aufmerksam, was das Tier Ihnen mitteilen will. Füttern und streicheln Sie das Tier. Und wenn Sie verschiedene Tiere haben, dann lernen Sie als guter Dompteur die »gemischte Raubtiernummer« zu leiten, so dass die Tiere friedlich miteinander auskommen.

Was haben die Tiersymbole mit Ihnen zu tun?

Fasten Sie, um sich etwas Gutes zu tun? Oder fasten Sie aus Ärger über Ihre überflüssigen Pfunde, aus Kummer über Ihre Figur oder aus Zorn auf Ihr unkontrolliertes Essverhalten? Dann gehen Sie mit sich selbst ähnlich um wie mit einem wilden, fremden Tier.

Es gibt vermutlich Seiten an Ihnen, die Sie nicht mögen oder die Sie gar fürchten. Weil Sie nicht wissen, wie Sie mit ihnen umgehen sollen, versuchen Sie vielleicht, diese Seiten zu verdrängen oder zu unterdrücken. Aber es ist eine alte Weisheit, dass alles, was unterdrückt wird, besonders stark auf sich aufmerksam macht – zum Beispiel, indem es sich in unkontrolliertem Essverhalten äußert. Das Tier kann Ihnen manches über Ihre Ess- und sonstigen Gewohnheiten erzählen und vielleicht entdecken Sie auch, warum Sie ein Frühaufsteher (Huhn) oder Nachtmensch (Eule oder Marder) sind.

Wenn Sie zwei Tiere hatten, zeigen sie Ihnen auch, wie harmonisch oder schwierig diese beiden Seiten in Ihnen miteinander arbeiten. Sind die Tiere sehr unterschiedlich, kommt dies vor allem in Stresssituationen zum Tragen. Wenn zum Beispiel Ihr »Verstandestier« ein Hase ist, der eher mit Angst reagiert und flüchtet oder sich auf den Boden duckt, während Ihr »Gefühlstier« als Raubkatze unterwegs ist, die lieber angreift, können Sie sich selbst ausmalen, wer die Oberhand hat.

Lösen Sie dieses Spannungsfeld, indem Sie mit den Tieren arbeiten (nehmen Sie den Hasen auf den Arm und streicheln ihn beruhigend), und Sie werden spüren, wie Sie die Führung übernehmen können und welche entspannenden Auswirkungen das hat.

Fahrplan durch die Fastenwoche

Hier ist der Fahrplan durch die Fastenwoche für den schnellen Überblick über Ihr Tagesprogramm vom Entlastungstag bis zum zweiten Aufbautag.

ENTLASTUNGSTAG
Aufnahme
Heute können Sie wählen: weniger als sonst essen oder streng entlasten. Machen Sie einen Obsttag (1,5 kg Obst), einen Rohkosttag (1,5 kg Obst und Salate) oder Reistag. Näheres dazu erfahren Sie ab Seite 44.
Ausscheidung
weicher Stuhl durch Ballaststoffe; zu Leinsamen oder Weizenkleie reichlich trinken
Bewegung/Ruhe
spazieren gehen an der frischen Luft; zur Ruhe kommen
Körperpflege
baden; entspannen
Bewusstes Erleben
Sich's gemütlich machen; sich vom Alltag ablösen: Meditationsübungen »Erholungsort« (siehe Seite 45 ff.), »Das Lebensgefühl ändern« (siehe Seite 48 ff.).

ERSTER FASTENTAG
Aufnahme
Früh: Morgentee, Glaubersalz (mit Zitrone) oder Einlauf
Vormittag: Wasser oder Tee
Mittag: Gemüsebrühe oder Gemüsesaft mit Wasser verdünnt
Nachmittag: Früchte- oder Kräutertee (½ Teelöffel Honig)
Abend: Obstsaft oder Gemüsesaft oder Gemüsebrühe
Ausscheidung
Früh morgens als Einstieg den Darm gründlich entleeren (Einlauf oder Glaubersalz)
Mittags: Leber entgiftet besser im Liegen
Bewegung/Ruhe
Früh: zu Hause bleiben
Mittag: Mittagsruhe
Nachmittag: kleiner Spaziergang
Körperpflege
Früh: ausschlafen; ruhen; sich warm halten
Nach der Mittagsbrühe: Leberpackung, sich warm halten
Bewusstes Erleben
»Altes« ausscheiden für »Neues«, Essen und Gedanken daran »loslassen«: Meditationsübungen »Essfantasie« (siehe Seite 57 f.), »Nahrung« (siehe Seite 59).

ZWEITER FASTENTAG

Aufnahme
  Früh: Morgentee (½ Teelöffel Honig)
  Vormittag: Wasser zwischendurch
  Mittag: Gemüsebrühe oder Gemüsesaft mit Wasser verdünnt
  Nachmittag: Früchte- oder Kräutertee (½ Teelöffel Honig)
  Abend: Obstsaft, Gemüsesaft oder Gemüsebrühe

Ausscheidung
  mehr trinken als sonst, um Nieren und Gewebe durchzuspülen; Urin hell? (Wenn nicht: mehr trinken!)

Bewegung/Ruhe
  Früh: bewusst aufstehen (dehnen, strecken)
  Mittag: Mittagsruhe
  Nachmittag: spazieren gehen (zügig)

Körperpflege
  Früh: Kältereize, Luftbad, Hautpflege (bürsten und ölen), duschen
  Nach der Mittagsbrühe: Leberpackung, sich warm halten

Bewusstes Erleben
  sich verwöhnen; sich selbst annehmen; Meditationsübungen »So sehe ich mich« (siehe Seite 62 f.), »Zuwendung« (siehe Seite 65 f.).

DRITTER FASTENTAG

Aufnahme
  wie zweiter Fastentag

Ausscheidung
  Früh: Darm entleeren: Einlauf!
  spontaner Stuhlgang möglich, aber selten; wenn kein Stuhlgang, dann ⅛ l Molke oder Sauerkrautsaft trinken, um die Ausscheidung zu fördern

Bewegung/Ruhe
  Früh: maßvoll leichte Bewegung
  Mittag: Mittagsruhe
  Abend: die Nacht »positiv gestalten«

Körperpflege
  Früh: Wechseldusche; Hautpflege (bürsten, duschen und ölen)
  Nach der Mittagsbrühe: Leberpackung, sich warm halten

Bewusstes Erleben
  Keinen Hunger haben! Dem eigenen Körper positiv begegnen und die neue Wahrnehmung genießen: Meditationsübungen »Mein Körperbild« (siehe Seite 71 f.), »Die neue Erscheinung« (siehe Seite 74 f.).

VIERTER FASTENTAG

Aufnahme
wie zweiter Fastentag

Ausscheidung
übler Schweiß- und Mundgeruch sind normal
Urin hell? (Wenn nicht: mehr trinken!)

Bewegung/Ruhe
aktiv werden: Sport treiben und nach körperlicher Anstrengung entspannen und ruhen (im Liegen)
Abend: Nachtruhe genießen

Körperpflege
Tautreten, duschen, Hautpflege (bürsten, duschen und ölen)
Nach der Mittagsbrühe: Leberpackung, sich warm halten
Sauna und Vollbad möglich

Bewusstes Erleben
Zeit für Gefühle haben – sich selbst ein guter Freund werden: Meditationsübungen »Ich mag mich« (siehe Seite 78 f.), »Ich bin wertvoll und liebenswert« (siehe Seite 80 f.).

FÜNFTER FASTENTAG

Aufnahme
wie zweiter Fastentag

Ausscheidung
Früh: Darm gründlich entleeren: Einlauf!
spontaner Stuhlgang möglich, aber selten; wenn kein Stuhlgang, dann ⅛ l Molke oder Sauerkrautsaft trinken, um die Ausscheidung zu fördern

Bewegung/Ruhe
Früh: zu Hause bleiben (Einlauf)
Mittag: ausgiebige Bewegung möglich

Körperpflege
Hautpflege (bürsten, duschen und ölen)
Mittag: Mittagsruhe
Nach der Mittagsbrühe: Leberpackung, sich warm halten, entspannen

Bewusstes Erleben
ganz für sich selbst da sein: Meditationsübungen »Herzenskräfte« (siehe Seite 85 ff.), »Heilende Aktivitäten« (siehe Seite 89 ff.).

ERSTER AUFBAUTAG

Aufnahme
Früh: Morgentee
Vormittag: Fastenbrechen: 1 gut reifer Apfel (oder Apfel gedünstet)

Mittag: Kartoffel-Gemüse-Suppe
Nachmittag: Früchte- oder Kräutertee
Abend: Tomatensuppe, Buttermilch mit Leinsamen, Knäckebrot
Für das Frühstück am zweiten Aufbautag 2 Backpflaumen oder 1 Feige in ½ Tasse Wasser einweichen

Ausscheidung
sich behutsam an die Nahrungsaufnahme gewöhnen; Darmpflege: Ausscheidung durch Ballaststoffe fördern; zu Leinsamen oder Weizenkleie reichlich trinken

Bewegung/Ruhe
Früh: Gymnastik oder Sport vor dem Fastenbrechen; spazieren gehen
Mittag: Mittagsruhe
Heute in allem »Schongang«!

Körperpflege
Kneipp: »Kaltreiz ist Lebensreiz«; 1-mal am Tag liegen; bei Völlegefühl: Prießnitz-Leibauflage

Bewusstes Erleben
die erste Mahlzeit bewusst genießen, der Nahrung neu »begegnen«, ihre segnende Kraft entfalten lassen; die Kraft der Gedanken entdecken: Meditationsübungen »Jedes Nahrungsmittel – ein Lebens-Mittel« (siehe Seite 102), »Gesegnete Mahlzeit« (siehe Seite 104 f.).

ZWEITER AUFBAUTAG

Aufnahme
Früh: Sauerkrautsaft oder Molke
Frühstück: Backpflaumen und Weizenschrotsuppe
Vormittag: viel trinken
Mittag: Blattsalat, Pellkartoffeln, Karottengemüse; Bioghurt mit Leinsamen und Sanddornsaft
Nachmittag: viel trinken
Abend: Karottenrohkost, Getreide-Gemüse-Suppe; Dickmilch mit Sanddornsaft, Knäckebrot

Ausscheidung
spontane Darmentleerung? (Wenn nicht: ½ Einlauf oder abwarten bis zum nächsten Tag). Gewichtsanstieg ist normal!

Bewegung/Ruhe
Flauten akzeptieren. Spazieren gehen: »Nach dem Essen sollst du ruh'n oder tausend Schritte tun.« Anstrengungen meiden

Körperpflege
Kreislauf in Gang bringen: Bürstenmassage, Wechseldusche und frische Luft. Keine Sauna, kein Vollbad! Bei Schwindel oder Kopfleere 5 Minuten liegen

Bewusstes Erleben
Ruhe und Zufriedenheit spüren; Kraftquellen für den Alltag finden, leichter und lebendiger werden; Meditationsübungen »Strahlen Sie« (siehe Seite 109 f.), »Farben wählen« (siehe Seite 110 f.).

Der Entlastungstag

Als Einstieg ins Fasten können Sie heute etwas Leichtes essen, möglichst ballaststoffreich, um die Ausscheidung zu erleichtern. Oder Sie wählen eine strengere Form des Entlastens. Eine einfache, aber aufschlussreiche Meditationsübung macht Sie mit einer Landschaft bekannt, in der Sie sich jederzeit erholen können.
Was Sie heute tun sollten, um den Tag im Sinne einer richtig durchgeführten Fastenwoche zu gestalten, finden Sie auf Seite 40 im Fahrplan durch die Fastenwoche.

SPEISEPLAN FÜR DEN ENTLASTUNGSTAG

Falls Sie streng entlasten wollen, können Sie wählen:
Obsttag: Essen Sie über den Tag verteilt diverse Sorten Obst (1,5 kg) – nicht zu viel Banane, da sie bei manchen Menschen zu Verstopfung führt.
Rohkosttag: Essen Sie morgens Obst oder Obstsalat – mittags und abends je eine Rohkostplatte mit verschiedenen Blattsalaten und geraspeltem oder klein geschnittenem Gemüse.
Zubereitung: Richten Sie die Rohkost (mit dem Obst insgesamt etwa 1,5 kg) auf einem Teller hübsch an und übergießen Sie Ihren Salat mit einer Marinade aus etwas Pflanzenöl, Zitronensaft, Kräutern und Gewürzen.
Reistag: Essen Sie dreimal am Tag 50 g Reis (ohne Salz gekocht!), morgens und abends jeweils mit einem gedünsteten Apfel (oder mit etwa 150 g Apfelmus ohne Zucker), mittags mit zwei gedünsteten Tomaten und Kräutern.

Richtig essen auch im Fasten

Bereiten Sie die Gerichte heute und an den Fastentagen ganz bewusst und liebevoll zu, setzen Sie sich dann in Ruhe an den einladend gedeckten Tisch und essen Sie mit Freude. Kauen Sie jeden Bissen etwa 35-mal (auch flüssige Nahrung sollte so gründlich eingespeichelt werden), entspannen Sie sich dabei, genießen Sie, was Sie zu sich nehmen. Behalten Sie diese genussvolle Art des Essens auch in den nächsten Tagen bei der Gemüsebrühe bei.

Meditationsübung: Erholungsort

Die heutige Meditationsübung kann Ihnen helfen, den Entlastungstag als Zeit des »Umschaltens« zu nutzen. Sie lernen in dieser Übung eine Umgebung kennen, die Ihnen zunächst für die Zeit des Fastens als Erholungsort dienen soll, aber auch als »Arbeitsbasis« für andere Übungen. Und Sie erfahren, was die gewählte Landschaft über Sie auszusagen vermag.
Vorbereitung: Machen Sie es sich an Ihrem Ruheplatz bequem und lesen Sie den folgenden Text aufmerksam durch, wie auf Seite 28 beschrieben. Entspannen Sie sich und beginnen Sie mit der Meditationsübung.

WICHTIG
Trinken Sie zwischendurch mindestens ein bis zwei Liter Wasser oder Mineralwasser, um den Körper bei der Ausscheidung der Gift- und Schlackenstoffe zu unterstützen. Saugen Sie gelegentlich einen Schnitz Zitrone aus.

EINFACH EINGESCHLAFEN?

Falls Sie bei einer Meditationsübung einschlafen und sich fragen, was dann geschieht: Wie am Morgen werden Sie irgendwann erwachen und in der Regel gut erholt sein. Dies geschieht leicht, wenn wir übermüdet sind. Das einfachste Gegenmittel ist, die Meditationsübungen im Sitzen zu machen.

Übung

› Stellen Sie sich spontan eine Landschaft vor, in der Sie sich wohl fühlen. Malen Sie sich die Landschaft bis ins Detail aus.

› Wie ist der Boden beschaffen: Weide, Wüste, Sandstrand, Wiese, Sumpf?

› Wie ist der Himmel: strahlend blau, wolkenverhangen, sonnig …?

› Gehen Sie in die Landschaft hinein, bis Sie zu einer Quelle kommen.

› Beschreiben Sie diese Quelle: Sprudelt sie hell aus dem Boden, ist es ein Springbrunnen, ein Bergquell, ein Sumpfloch …?

› Probieren Sie das Quellwasser. Wie schmeckt es: rein, frisch, würzig, brackig, salzig …?

› Aus der Quelle wird ein Bach, der vielleicht zu einem Fluss und schließlich zu einem Strom anwächst, der in einen See oder ins Meer mündet. Sie wollen gleich ans Meer? Das ist auch in Ordnung!

› Sehen Sie sich nun in Ihrer Landschaft um: Gibt es beispielsweise Bäume, Wälder, Felder, Hügel und Berge, Tiere, Pflanzen oder Beete? Gehen Sie in dieser Landschaft spazieren, genießen Sie das Wasser, die Luft und die Sonne auf Ihrer Haut. Spüren Sie den Boden unter Ihren Füßen, wie auch die Bewegungen Ihres Körpers. Lassen Sie dann die Übung ausklingen.

› Beenden Sie die Übung, wie auf Seite 31 beschrieben. Nehmen Sie sich Zeit, Ihre Landschaft aufzuzeichnen oder in Stichpunkten für sich aufzuschreiben, was Sie gesehen und erlebt haben, bevor Sie weiterlesen.

Die inneren Bilder – was sie bedeuten können

Wahrscheinlich haben Sie nicht gleich alle Teile »Ihrer Landschaft« kennen gelernt. Nehmen Sie das, was da ist; das genügt. Je häufiger Sie Ihren Erholungsort aufsuchen, desto mehr Bereiche werden Ihnen zugänglich werden. Um sich zu erholen, genügt ein kleines Stück Wiese!

Nehmen Sie die folgenden Erklärungen als Anregung, sich selbst besser zu verstehen, frei von einer Wertung. Die Vielfalt der Natur ist unendlich, und diese Vielfalt bereichert unser Leben. Solange Sie sich in Ihrer Landschaft wohlfühlen, ist alles gut. Wenn Sie etwas stört, dann können Sie in der nächsten Meditation Veränderungen vornehmen.

Die Beschaffenheit des Bodens Ihres Erholungsortes symbolisiert Ihr grundlegendes Lebensgefühl. In Sätzen wie »ihm brennt der Boden unter den Füßen« oder »sie geht einen steinigen Weg« sind die Bilder, die eine Beziehung zwischen der subjektiven Wahrnehmung der eigenen Lebenssituation und dem Symbol »Boden« herstellen, zur Alltagssprache geworden. Und so gehen manche leichtfüßig auf federndem Waldboden durchs Leben, während andere im Morast versinken, Verliebte gerne schwebend den Kontakt zum Boden ihrer Realität verlieren und andere in den Bergen kletternd ihre Leistungsfähigkeit genießen.

Ein kleines Stückchen Wiese reicht aus, um sich zu erholen.

Die Quelle zeigt uns unsere Lebensenergie. Wenn das Wasser der Quelle reichlich direkt aus dem Boden sprudelt, bedeutet das, dass sich Ihre Lebenskraft ungestört in Ihnen entfalten kann. Tritt das Quellwasser aus einem Felsen oder durch ein Rohr zutage, steht Ihre Lebensenergie unter Druck. Wenn Sie statt einer Quelle einen Brunnen gesehen haben, verweist dieses Bild darauf, dass Sie irgendwann in Ihrem Leben damit begonnen haben, Ihre Kraft einzugrenzen. Sie fließt jetzt nicht mehr frei durch Sie hindurch, sondern sie wird von Ihnen nur noch zum Erreichen bestimmter Ziele eingesetzt. Eine Erziehung mit häufigem »Du musst…« und »Du sollst…« trägt einen prägenden Anteil dazu bei. Baden und duschen Sie in Ihrer Quelle und trinken Sie von dem Wasser, um Kraft zu tanken und sich zu erfrischen. Der Fluss in Ihrer inneren Landschaft kann kraftvoll rauschen, aber er kann auch leise dahinplätschern. Manchmal tritt er über die Ufer, manchmal versickert er. Ob er auf dem Weg zum See oder ins

Meer ein weites Gebiet bewässert oder in einem schmalen Flussbett dahinfließt – die Art und Weise, wie er sich bewegt, symbolisiert den Fluss Ihres Lebens und das Fließen Ihrer Lebenskraft. Er zeigt, wie Sie Ihre Lebenskraft nutzen können, um Ihren »Lebensboden« zu bewässern und damit fruchtbar zu machen.
Das Meer symbolisiert Ihre Seele. Ein ausgiebiges Bad in Ihrem Meer ist der schönste Kontakt zu Ihrer Seele und schenkt Ihnen angenehme Körperempfindungen.
Wenn in Ihrer Landschaft ein **See** ist, schauen Sie, ob er einen Zu- und einen Abfluss hat. Wenn kein frisches Wasser zufließt, ist der See »tot«. Wichtig ist, dass das Wasser in dem Maß, wie es dem See zufließt, auch wieder abfließen kann. Sie wissen selbst, welch enorme Kräfte auf einen Staudamm wirken und was geschieht, wenn der Staudamm bricht. (Kennen Sie explosive Menschen?) Manchmal wirkt sich ein Gefühlsstau auch auf den Körper aus und führt zu Bluthochdruck oder Wasseransammlungen im Gewebe. Hatte Ihr See bisher keinen Abfluss, graben Sie ihm jetzt einen. Tun Sie es langsam, sonst werden Sie womöglich von Ihren Gefühlen überschwemmt.
Gibt es in Ihrer Landschaft **Wälder**? In der Symbolsprache der Seele stehen Wälder für die uns noch unbekannten Seiten des Unterbewusstseins. **Berge** in ihrer majestätischen Größe sind Zeichen für Autoritäten in Ihrem Leben. Stehen sie Ihnen in Ihrer Landschaft erdrückend nahe oder kümmern sie Sie gar nicht, weil sie so weit entfernt sind?
Wenn **Schnee** oder **Eis** in den Bildern auftauchen, ist das ein Hinweis auf »eingefrorene« Gefühle der Vergangenheit. Ihr Erscheinen ist ein Zeichen, dass Sie bereit sind, diese schmelzen zu lassen und dadurch eine Veränderung zu erfahren.

Meditationsübung: Das Lebensgefühl ändern

Wie ist es Ihnen bei der letzten Meditationsübung ergangen? Waren Ihnen die Bilder und ihre Sprache schon vertraut? Oder war alles ganz neu für Sie? Waren Sie mit Ihrer Wahl höchst zufrieden? Oder haben Sie sich geärgert, dass eine Landschaft auftauchte, die Sie nicht wollten? Oder konnten Sie sich nicht für eine Landschaft entscheiden? (Dann sind Schwierigkeiten bei der Entscheidungsfindung auch sonst Ihr Thema.) Wie auch immer es Ihnen ergangen ist, nehmen Sie es so an, wie es ist! Das ist eine Basis, aus der sich alles Weitere entwickeln kann. Sicher gibt es Einzelheiten in Ihrer Landschaft, mit denen Sie zufrieden sind und an denen Sie sich freuen – und es gibt wohl auch Details, die Ihnen missfallen und die Ihnen zu denken geben. In der Meditation haben Sie nicht nur die Möglichkeit, den »Ist-Zustand« Ihrer Seele zu sehen, Sie können auch wandeln, was Sie verändern wollen. Doch dabei gilt ein wichtiges Grundprinzip: Wir können nur weggeben oder verändern, was uns gehört.

Ihrem Bedürfnis nach Veränderung können Sie mit der zweiten Übung nachgehen. Denn diese Meditationsform ist keine »Einbahnstraße«, die nur dazu da ist, um Informationen zu erhalten

WICHTIG
Erst annehmen, dann verändern!

Spüren Sie, welch wunderbare Wirkung ein Bad in einem solch klaren See hat?

oder sich in der Seele »wohlig zu baden«, vielmehr können wir, indem wir Veränderungen in den Bildern vornehmen, Entwicklungswünsche an unsere Seele, unser Unterbewusstsein zurückgeben.

Wenn Sie das tun, werden Sie feststellen, dass so, wie Sie Ihre innere Landschaft ändern, auch Ihr Leben neue Züge annimmt. Ihre Seele wird gerne ihren Teil dazu beitragen. Veränderungen, die bereits »reif« waren, zeigen sich dann bei Ihrem nächsten Besuch Ihrer Landschaft durch spontane Änderungen. Wundern Sie sich also nicht, wenn in der Anfangsphase immer wieder neue Landschaften auftauchen. Oft geht dieser Wandlungsprozess von Urlaubslandschaften über Kindheitslandschaften, bis die ureigene sich daraus entwickelt hat. Nur bei manchen Menschen ist von Beginn an die gleiche Umgebung stabil.

Vorbereitung: Machen Sie es sich an Ihrem Ruheplatz bequem und lesen Sie den folgenden Text aufmerksam durch, wie auf Seite 28 beschrieben. Entspannen Sie sich und beginnen Sie mit der Meditationsübung.

Übung

› Ist die Basis Ihres Lebens eine saftige grüne Weide, eine blumenübersäte Wiese oder »gehen Sie barfuß über ein Stoppelfeld«? Können Sie sich erinnern, wie leichtfüßig Sie durchs Leben gingen, als Sie verliebt waren? Das Leben war wie immer, doch Ihre Wahrnehmung war eine andere. Empfinden Sie Ihr Leben als hart und wollen Sie das ändern, dann verändern Sie den »Boden unter Ihren Füßen«.

› Lassen Sie das »Wasser des Lebens« reich und kraftvoll sprudeln: Arbeiten Sie bewusst an der Entwicklung Ihrer Quelle: Benutzen Sie einen Zauberstab, lassen Sie Arbeiter zu Hilfe kommen – oder suchen Sie ihr einen anderen Weg. Sie können auch Geschmack und Temperatur des Wassers Ihrem Wunsch gemäß wandeln.

› Jedes Mal, wenn Sie die Quelle benutzen, um sich zu waschen und von dem Wasser zu trinken, tanken Sie Kraft und Energie. Nutzen Sie diese Möglichkeit häufig – vor allem, wenn Sie Phasen haben, in denen Sie sich schlapp fühlen (und dadurch sonst möglicherweise mehr essen). Gefällt Ihnen die Geschwindigkeit, mit der Ihr Fluss (Strom) dahinrauscht? Mögen Sie das Tempo, in dem Sie leben, oder möchten Sie etwas daran ändern? Wählen Sie selbst, ob Ihr Lebensfluss rasch oder gemächlich dahinziehen soll. Probieren Sie mehrere Möglichkeiten aus; entscheiden Sie sich dann für denjenigen Flusslauf, der Ihnen am besten gefällt. Ob die Geschwindigkeit Ihres Flusses Ihnen zusagt, können Sie prüfen, indem Sie sich in Gedanken in den Fluss hineinlegen und sich von ihm bis zum See oder bis ins Meer treiben lassen, entweder schwimmend oder auch in einem Kanu sitzend.

› Hing der Himmel voller Gewitterwolken? Dann sollten Sie Ihren Gefühlshimmel klären. Lassen Sie es in Ihren Gedanken nach Wunsch regnen oder stellen Sie sich vor, wie ein kraftvolles Gewitter die Luft reinigt; vermutlich lösen sich die Wolken dann auf, und der Himmel über Ihrem Erholungsort wird wieder strahlend blau und klar. Scheuen Sie sich nicht, dabei zu weinen, wenn Ihnen danach zumute ist.

› Beenden Sie die Übung, wie auf Seite 31 beschrieben.

Veränderungen spielerisch angehen

Lassen Sie sich für Veränderungen Zeit. Alles hat sich über Jahre gebildet und Sie sind daran gewöhnt. Manche Bilder lassen sich zunächst nicht verändern. Wenn Sie mit einem zu starken Willen herangehen, erzeugen Sie Widerstand. Es ist die gleiche Kraft, die Sie früher aktivierten, um sich gegen Willensbeeinflussung etwa durch die Eltern zu wehren. Je spielerischer Sie an die Wandlungsarbeit gehen und je mehr Verständnis und Liebe Sie für diesen Prozess aufbringen, desto schneller und leichter gelingt es Ihnen.

> **GU-ERFOLGSTIPP**
>
> Wie oft denken Sie: »Jetzt bräuchte ich Urlaub!« Die innere Landschaft ist nicht nur eine »Arbeitsebene«, sondern dient Ihnen vor allem zur regelmäßigen Erholung. Gehen Sie bildhaft und voller Gefühl in Ihre innere Landschaft oder an einen Urlaubsort – nicht mit Sehnsucht nach einem Urlaub, sondern genießend, als ob Sie real dort sind! Auf diese Weise können Sie ohne Urlaubsantrag, Packstress oder finanzielle Belastungen in die Erholung eintauchen. Ein täglicher Kurzurlaub lässt uns Kräfte sammeln, an grauen Wintertagen Sonne tanken (was die Stimmung aufhellt), schwimmen gehen (was die Muskeln entspannt) und Abstand gewinnen von Alltagsproblemen: Wenn Sie mögen, stellen Sie sich vor, dafür in einen Heißluftballon zu steigen, schweben Sie nach oben und nehmen Sie einen erweiterten Blickwinkel ein, dann tun sich Ihnen neue Sichtweisen auf. Gleiten Sie anschließend wieder zur Erde nieder.

Der erste Fastentag

Heute beginnt das Fasten. Erleichtern Sie sich den Einstieg in die kommenden Tage, indem Sie es sich heute besonders gut gehen lassen. Verwöhnen Sie sich ruhig einmal! Machen Sie es sich an einem stillen Plätzchen mit einem Buch und einer Wärmflasche bequem, gehen Sie in die Badewanne oder genießen Sie die Natur. Was Sie heute tun sollten, um den Tag im Sinne einer richtig durchgeführten Fastenwoche zu gestalten, finden Sie auf Seite 40 im Fahrplan durch die Fastenwoche.

Speisepläne und Rezepte für die Fastentage

> Morgens: zwei Tassen Kräutertee mit ½ TL Honig. Bei niedrigem Blutdruck Schwarztee mit Zitrone oder Ginsengtee.
> Mittags: ¼ l Gemüsesaft (verdünnt mit 50 ml Wasser) oder eine Gemüsebrühe Ihrer Wahl.
> Nachmittags: 2 Tassen Früchtetee oder – bei Bedarf – milder Schwarztee (nach Wunsch mit Zitrone oder ½ TL Honig).
> Abends: ¼ l Obstsaft Ihrer Wahl oder ¼ l Gemüsesaft (jeweils mit Wasser verdünnt) oder Gemüsebrühe.

Ihren morgendlichen Kräutertee dürfen Sie mit Honig süßen.

Kartoffelbrühe

Für 4 Portionen 1 l Wasser | 250 g Kartoffeln | 2 Karotten | ½ Stange Lauch | etwas Petersilienwurzel | ¼ Knolle Sellerie | je ½ TL Kümmel und Majoran | 1 Prise Meersalz | Cenovis flüssig oder gekörnte Gemüsebrühe | 1 Prise frisch gemahlene Muskatnuss | 2 TL Hefeflocken | 4 TL frisch gehackte Petersilie oder andere Kräuter

Karottenbrühe

Für 4 Portionen 1 l Wasser | 250 g Karotten | ½ Stange Lauch | etwas Petersilienwurzel und Sellerie | 1 Prise Meersalz | Cenovis flüssig oder gekörnte Gemüsebrühe | 1 Prise Muskatnuss | 2 TL Hefeflocken und 4 TL frisch gehackte Petersilie oder andere Kräuter

Selleriebrühe

Für 4 Portionen 1 l Wasser | 250 g Sellerieknolle | etwas Lauch und Karotte | je ½ TL Kümmel und Majoran | 1 Prise Meersalz | Cenovis flüssig oder gekörnte Gemüsebrühe | 1 Prise frisch gemahlene Muskatnuss | 2 TL Hefeflocken und 4 TL frisch gehackte Petersilie oder andere Kräuter

Tomatenbrühe

Für 4 Portionen 1 l Wasser | 500 g Tomaten | 1 Knoblauchzehe | etwas Lauch | Sellerie | Karotte | 1 Prise Meersalz | Cenovis flüssig oder gekörnte Gemüsebrühe | 1 Prise frisch

GEMÜSE DER SAISON

Selbstverständlich können Sie die Rezepte für sich abwandeln, beispielsweise wenn Sie Rote Bete oder Fenchel bevorzugen oder wenn anderes Gemüse gerade in Ihrem Garten gereift ist. Kohlgemüse ist jedoch wegen seiner blähenden Wirkung weniger geeignet.

TIPP

Kochen Sie gleich für zwei Tage im Voraus! Die Zutaten für die Gemüsebrühe, die Sie zweimal am Tag essen können (siehe Fahrplan durch die Fastenwoche, Seite 40), sind für vier Portionen, also insgesamt für zwei Tage berechnet. So stehen Sie nicht unnötig am Herd und müssen nicht länger als nötig den Versuchungen Ihrer Küche widerstehen.

gemahlene Muskatnuss | 2 TL Hefeflocken und 2 TL Oregano oder Majoran

Zubereitung der Gemüsebrühe

1 Das Gemüse gut waschen und ungeschält klein schneiden.

2 Das klein geschnittene Gemüse in 1 l kochendes Wasser geben, in 10 bis 20 Minuten weich garen. Anschließend durch ein Sieb abgießen.

3 Mit einem Löffel das Gemüse durchstreichen und mit den restlichen Gewürzen abschmecken.

4 Zum Schluss 2 TL Hefeflocken und 4 TL frisch gehackte Petersilie oder frische Kräuter nach Wunsch über die Brühe geben.

Über den Hunger

Wenn Sie schon einmal eine Reduktionsdiät gemacht haben, um abzunehmen, kennen Sie sicher das unangenehme Hungergefühl. Es ist bei Diäten eine häufige Erscheinung, denn der Körper arbeitet zwar weiterhin in seinem gewöhnlichen Energieprogramm (Energieprogramm I, siehe Seite 11f.), bekommt aber weniger Kalorien, als er für seinen Tagesbedarf brauchte. Erst nachdem Sie auf sein Signal (Hunger) nicht reagiert haben, greift er auf seine Energiereserven zurück. Beim Fasten ist das anders: Nachdem Sie dem Körper mit einer gründlichen Darmreinigung das Startsignal zum Fasten gegeben haben, schaltet

FÜR EMPFINDLICHE: GETREIDESCHLEIM

Wenn Sie einen empfindlichen Magen haben, können Sie statt der Gemüsebrühe und des Fruchtsafts jeweils auch einen Getreideschleim essen. Die Zubereitung erfolgt für jede Mahlzeit neu:

1 3 EL Haferflocken oder 3 EL Reis oder 15 bis 20 g Leinsamen in ½ l Wasser geben, zum Kochen bringen und dann 5 (Haferflocken, Leinsamen) beziehungsweise 20 Minuten (Reis, je nach Sorte länger) weiter kochen lassen.

2 Die Masse anschließend durch ein Sieb streichen.

3 Je nach Geschmack den Schleim mit wenig Salz, Hefeextrakt, Honig, Gemüse- oder Obstsaft würzen.

4 Noch warm schluckweise verspeisen.

Ihr Organismus auf das Energieprogramm II um und ernährt sich aus seinen Reserven problemlos selbst. Sie können das Fasten im festen Vertrauen darauf beginnen, dass Ihr Körper in den kommenden Tagen genau weiß, was er zu tun hat, damit Sie gesund und leistungsfähig bleiben. Bedenken Sie: Jedes Gramm Fett an Ihnen ist ein Stück Nahrung in der großen Speisekammer Ihres Körpers. Sie können sich darauf verlassen, dass Ihr Organismus, der diese Vorräte angelegt hat, auch weiß, wie er an sie herankommt.

Darmreinigung

Eine gründliche Darmreinigung ist für Ihren Körper das Startsignal fürs Fasten, deshalb müssen Sie am ersten Fastentag den Darm gründlich entleeren. Auch im Fasten sollten Sie jeden zweiten Tag einen Einlauf machen.

Nur wenn Sie normalerweise regelmäßig Stuhlgang haben und sich Ihr Darm dabei problemlos entleert, genügt eine kleine Hilfe mit ⅛ Liter Sauerkrautsaft oder ⅛ Liter Molke oder Buttermilch morgens im Fasten getrunken, damit die Darmentleerung klappt. 70 Prozent der Deutschen leiden jedoch unter Verstopfung. Wenn auch Sie Probleme mit dem Stuhlgang haben, hilft Ihnen die Einnahme von Glaubersalz:

Nehmen Sie 30 bis 40 g Glaubersalz, lösen Sie es in 400 ml heißem Wasser auf, geben dann 350 ml kaltes Wasser und etwas Zitronensaft hinzu und trinken alles innerhalb von 15 Minuten aus. Dies ist die gründlichste Form völliger Darmreinigung. Bleiben Sie nach dem »Glaubern« in jedem Fall in der Nähe der Toilette, da es in den nächsten ein bis drei Stunden zu durchfallartigen Entleerungen kommt. Die Darmreinigung mit Hilfe eines Einlaufs (siehe Seite 120) ist schonender und in einer Viertelstunde vorüber!

Altes loslassen

Sehen Sie die Darmreinigung nicht nur als einen rein körperlichen Prozess, nutzen Sie sie auch für Ihre geistige und seelische Reinigungsarbeit! Stellen Sie sich bei jeder Darmreinigung bildhaft vor, wie »Altlasten« aus Ihrem Körper herausströmen. Vielleicht wie

WICHTIG
Frauen, die gewohnt sind, morgens die Pille zu nehmen, sollten die Einnahme heute verschieben. Nehmen Sie die Pille erst drei Stunden, nachdem Sie Ihr Abführsalz getrunken haben.

kleine dunkle Wolken, die sich auflösen und aus dem gesamten Körper zum Darm strömen und dort mit herausgeschwemmt werden. Oder Sie lassen über die Füße alle Belastungen wie eine graue Flüssigkeit in die Erde abfließen. Anschließend füllen Sie Ihren Körper mit strahlendem Sonnenlicht.

Wenn das Loslassen alter Lebensgefühle für Sie ein Schwerpunkt ist, sollten Sie auch Ihre Wohnung nach Gegenständen durchforsten, die Ihnen nichts mehr bedeuten oder die Sie belasten, wie etwa Kleidung, die Sie nie tragen, alte Briefe, die Sie nie wieder lesen, Bücher, die Sie nicht mehr interessieren. Das alles bindet Energie. Energie, die Sie für Ihren neuen Lebensabschnitt benötigen.

Das Loslassen von altem Ballast in Körper, Seele und Geist sowie in der unmittelbaren Umgebung schafft energetisch ein Vakuum, das Ihnen hilft, neue Entwicklungen einzuleiten.

Sie können zusätzlich auch belastende Erinnerungen niederschreiben und diese am Ende der Fastenzeit verbrennen. Oder aber Sie packen innere Bilder aus Ihrer Vergangenheit gedanklich in Heißluftballons und lassen sie davonfliegen.

Als energetischen Ausgleich dazu kreieren Sie in den folgenden Tagen Vorstellungen davon, wie Sie stattdessen in der Zukunft leben wollen.

GU-ERFOLGSTIPP

Wenn Sie Ballast abwerfen und Ihre Wohnung entrümpeln wollen, kann es hilfreich sein, die Lehre des Feng Shui zu berücksichtigen. Sie beruht auf der Erkenntnis, dass unsere Umgebung unser Wohlbefinden stark beeinflusst. Im Feng Shui (siehe »Bücher, die weiterhelfen«, Seite 121) werden den einzelnen Bereichen einer Wohnung beziehungsweise eines Raumes jeweils bestimmte Bereiche unseres Lebens, unserer Person zugeordnet. Gehen Sie einmal mit prüfendem Blick durch Ihre Wohnung: Gibt es in Ihrer Wohnung, in Ihren Zimmern Gerümpelplätze oder Ecken mit Krimskrams? Hier staut sich bei Ihnen alte Energie. Leeren Sie diese Bereiche – innerlich wie äußerlich –, um Platz zu schaffen für Neues!

Eine Variante eines Veränderungsprozesses bietet Ihnen die folgende Meditation in Bezug auf das Essen.

Meditationsübung: Essfantasie

Wahrscheinlich beschäftigen Sie sich heute, am ersten Fastentag, in Gedanken noch häufig mit dem Essen. Vielleicht ist Ihnen sogar ein wenig bange vor Ihrem eigenen Entschluss, fünf Tage lang zu fasten.

Sie sollten diesen Gedanken und Empfindungen weder nachhängen noch sie verdrängen. Machen Sie die folgende Meditationsübung und lernen Sie dabei, einen neuen Bezug zum Essen aufzubauen.

Vorbereitung: Machen Sie es sich an Ihrem Ruheplatz bequem und lesen Sie den folgenden Text aufmerksam durch, wie auf Seite 28 beschrieben. Entspannen Sie sich und beginnen Sie mit der Meditationsübung.

Übung

> Schließen Sie die Augen und lassen Sie das, was Sie am liebsten essen, vor Ihrem inneren Auge erscheinen.

> Stellen Sie sich dieses Lieblingsgericht in einer bestimmten Situation vor: Ist es der Sonntagsbraten, bei dem die ganze Familie zusammensitzt? Ist es ein Essen zu zweit bei Kerzenschein? Verschlingen Sie Ihr Essen hektisch nach der Arbeit? Oder liegen Sie in Gedanken mit einem guten Buch auf dem Sofa und genießen Ihre Mußestunde mit einer Tafel Schokolade?

> Dabei ist es unwichtig, ob Sie die Situation in der vergangenen Woche tatsächlich erlebt haben, ob es eine Erinnerung aus Ihrer Kindheit ist oder nur ein Wunschbild. Versuchen Sie, sich die Situation in allen Einzelheiten auszumalen. Nehmen Sie die Stimmung wahr, die von dem Bild ausgeht, und überlegen Sie, was Ihnen daran besonders gut gefällt.

> Holen Sie nun aus dem Bild das Essen heraus. Spüren Sie eine Veränderung dabei? Hat die Atmosphäre des Bildes sich verändert, wenn das Essen daraus verschwunden ist? Ist das Verhältnis der Per-

sonen zueinander distanzierter geworden? Werden Sie unruhig oder spüren Sie eine Leere? Nehmen Sie achtsam alle Veränderungen wahr, sei es im Verhalten der Personen zueinander oder in Ihrem eigenen Gefühl.

› Stellen Sie sich dann vor, dass das Bild sich verändert und Gemütlichkeit und gute Stimmung zurückkehren, Entspannung auf andere Weise eintritt, obwohl Sie immer noch ohne Essen sind.

› Beenden Sie die Übung, wie auf Seite 31 beschrieben.

Nehmen Sie sich im Anschluss an die Übung Zeit, um die Erfahrung niederzuschreiben und tauchen Sie in die Erinnerungen ein, wie diese persönlichen Gewohnheiten entstanden sind, durch welche Erlebnisse sie ausgelöst wurden und mit welchen Erfahrungen sie verbunden sind.

Verändert sich die Atmosphäre einer Situation, wenn das Essen nicht mehr im Vordergrund steht?

Meditationsübung: Nahrung

In der Meditationsübung »Essfantasie«, in der Sie sich mit einer bestimmten Esssituation auseinandergesetzt haben, konnten Sie erkennen, wie stark der gefühlsmäßige Aspekt des Essens ist. Nehmen Sie die folgende zweite Übung als Gelegenheit, um neue Verbindungen zu diesen Gefühlen herzustellen.

Vorbereitung: Machen Sie es sich an Ihrem Ruheplatz bequem und lesen Sie den folgenden Text aufmerksam durch, wie auf Seite 28 beschrieben. Entspannen Sie sich und beginnen Sie mit der Meditationsübung.

Übung

> Lassen Sie Ihr Lieblingsgericht vor Ihrem inneren Auge erscheinen. Achten Sie dabei darauf, dass nur das Nahrungsmittel zu sehen ist, ohne die damit verbundene Gefühlssituation. Interessiert Sie das Essen jetzt noch?

> Haben Sie wahrgenommen, wo im Körper sich Empfindungen regen? Ist es wirklich im Bauch, der nicht nur Essen, sondern auch Gefühle verdaut? Oder meldet sich Unruhe im Herzen und damit im Bereich der Liebe? War Ihr Hals zu, vielleicht vor Angst, die Sie mit diesem Nahrungsmittel bisher besänftigten? Oder war Ihr Kopf leer und Sie brauchten eigentlich eine Ruhepause, die Sie sonst durch dieses Essen ersetzt haben?

> Wenn Sie spüren, dass Sie gefühlsmäßig noch an das Nahrungsmittel gebunden sind, so lassen Sie das Bild Ihres Lieblingsessens in die Ferne rücken und immer kleiner werden, bis es in der Unendlichkeit verschwindet.

> Lassen Sie nun ein anderes Bild aus der Ferne auf sich zukommen, das nichts mit Essen zu tun hat, Ihnen aber die gleichen angenehmen Gefühle bringt (ein Sonnenbad, Zeit für sich allein, ein Spaziergang, eine Umarmung oder ein gemütliches Beisammensein). Nehmen Sie die Gefühle mit dem dazugehörigen Bild mit aller Intensität in sich auf, bis Sie selbst finden, dass es genug ist.

> Beenden Sie die Übung, wie auf Seite 31 beschrieben.

Der zweite Fastentag

Für manchen Fastenden mag heute ein Tag der kleinen Krisen sein: Besonders diejenigen, für die das Essen eine zentrale seelische Hilfsfunktion hat, können heute unruhig oder traurig sein. Gedanken über Sinn und Zweck des Fastens können auftauchen, vor allem dann, wenn sich körperliche Unpässlichkeiten einstellen. Brechen Sie das Fasten nicht ab, diese Störungen gehen vorüber! Der vergangene Tag hat Ihnen bewiesen, dass Sie fasten können. Machen Sie weiter und setzen Sie sich intensiv mit den beiden Themen des heutigen Tages auseinander: mit der Ausscheidung während des Fastens und mit Ihrem Körperbild. Was Sie heute tun sollten, um den Tag im Sinne einer richtig durchgeführten Fastenwoche zu gestalten, finden Sie auf Seite 41 im Fahrplan durch die Fastenwoche, die Rezepte stehen auf Seite 53 f.

Die Ausscheidung

Heute, am zweiten Fastentag, werden Sie spüren, wie sich der veränderte Stoffwechsel auf Ihren Körper auswirkt.

Bei dem von äußerer Zufuhr unabhängigen Energieverbrauch kommt es im Körper zu vermehrter Entwässerung und Ausscheidung von Schlackenstoffen. Da dies in hohem Maße über die Haut, unser größtes und wichtiges Ausscheidungsorgan, geschieht, wird Ihr Körpergeruch ausgesprochen intensiv. Baden, duschen oder waschen Sie sich häufig, bürsten Sie die Haut am Morgen und ölen Sie sie anschließend mit einem guten pflanzlichen Körperöl ein, das die Poren nicht verstopft und einem Austrocknen der Haut vorbeugt. Wechseln Sie Ihre Wäsche häufiger als üblich. Freuen Sie sich über die Selbstreinigung des Körpers, denn sie wird Ihnen anschließend eine zartere, schönere Haut schenken! Auch über die Mundschleimhäute wird Überflüssiges ausgeschieden: Möglicherweise bildet sich ein graugelber oder brauner Belag auf der Zunge; der Geschmack im Mund und der Mundgeruch werden oft unangenehm. Benutzen Sie Ihre Zahnbürste häufiger als sonst und bürsten Sie auch die Zunge! Saugen Sie Zitronenschnitze aus, kauen Sie Kalmuswurzel oder frische Kräuter. Sie können auch zwei- bis dreimal täglich einen Teelöffel Heilerde mit etwas Wasser einnehmen. Das alles bessert den Geschmack im Mund und vertreibt den Mundgeruch.

Über Ihr Selbstbild

Viele Menschen mögen ihren Körper nicht, so wie er ist, und manche kämpfen manchmal sogar gegen ihn. Wenn das so ist oder wenn Sie einfach den Wunsch haben, Ihren Körper zum Positiven hin zu verändern, versuchen Sie als Erstes, ihn – und damit sich selbst – so anzunehmen, wie er ist, und seine Vorzüge

TIPP

Haben Sie Ihren Körper schon einmal gelobt für die tägliche Leistung, die er vollbringt, auch wenn er Ihnen so nicht gefällt oder Sie sich beispielsweise gerade über Hüftschmerzen ärgern?
Lob lenkt die Aufmerksamkeit und damit die Lebensenergie zu den positiven Seiten und verstärkt diese dadurch. Außerdem ist jeder Mensch schneller durch Lob als durch Kritik zur Mitarbeit zu bewegen – und genauso reagiert auch Ihr Körper.

zu sehen, etwa dass er es Ihnen ermöglicht, Ihren Alltag zu meistern, dass Sie über ihn Gefühle erleben oder ein Hobby genießen können. Beginnen Sie die negativen Gedanken über sich selbst »auszuscheiden«, entsprechend den Anregungen vom Vortag, und starten Sie dann mit Hilfe der Meditationsübungen mit der Gestaltung eines schöneren, positiven Selbst.

Meditationsübung: So sehe ich mich
Vorbereitung: Machen Sie es sich an Ihrem Ruheplatz bequem und lesen Sie den folgenden Text aufmerksam durch, wie auf Seite 28 beschrieben. Entspannen Sie sich und beginnen Sie mit der Meditationsübung.

Übung

> Ziehen Sie sich an Ihren inneren Erholungsort zurück; gehen Sie dort ein wenig spazieren. Genießen Sie es, übers Gras zu wandern … Waschen Sie sich ausgiebig an Ihrer Quelle und trinken Sie auch von Ihrem Wasser.

> Betrachten Sie dabei einmal Ihren Körper in allen seinen Teilen, ganz genau und ohne Wertung. Lassen Sie Ihren Blick über Füße, Beine, Hüften, Bauch und Brust nach oben wandern. Stellen Sie sich Ihren Rücken vor. Nehmen Sie Ihre Schultern, Oberarme, Unterarme und Hände wahr. Betrachten Sie, wie Ihr Hals Ihren Körper und Ihren Kopf miteinander verbindet, wie Ihre Haare und Ihre Gesichtszüge aussehen.

EIN GEMÄLDE

Nehmen Sie ein großes Stück Papier, Farbstifte, Wasserfarben oder was Sie sonst an Malutensilien im Haus haben, und malen Sie sich selbst. Sie müssen dafür kein Künstler sein. Seien Sie einfach neugierig auf das, was jetzt entsteht. Die Erläuterung des Gemäldes finden Sie am Ende der folgenden Übung (Seite 63). Lesen Sie die Auswertung aber erst im Anschluss an die Meditationsübung! Sie beeinflussen sonst, was Sie malen. Damit nehmen Sie sich die Möglichkeit, viel Neues über sich zu erfahren.

Wenn Sie möchten, können Sie im Geist auch einen Spiegel auf die Wiese stellen, um sich die Eigenbetrachtung zu erleichtern.

> Fällt es Ihnen leicht oder schwer, sich selbst so zu sehen, wie Sie sind? Ist das Bild, das Sie von sich haben, deutlich oder ist es unscharf? Können Sie sich ganz erkennen (von Kopf bis Fuß) oder sehen Sie nur einige Körperteile?
> Sehen Sie sich so alt, wie Sie sind, oder sehen Sie sich jünger beziehungsweise älter?
> Entsprechen Ihr Erscheinungsbild und Ihre Größe dem Bild, das Sie morgens oder abends im Spiegel sehen? Nehmen Sie alles so genau wie möglich wahr und spüren Sie alle Körperteile.
> Beenden Sie die Übung, wie auf Seite 31 beschrieben.

Schreiben Sie sich anschließend alles auf, was Ihnen zu dem Bild, das Sie in der Übung von sich gesehen haben, einfällt (zum Beispiel Ihr Alter, Ihre Größe, Ihre Figur). Was ist Ihnen im Vergleich zu Ihrem wirklichen Aussehen aufgefallen?

Die beiden Bilder – was sie bedeuten können

Konnten Sie sich in der Meditationsübung überhaupt sehen? Wenn ja, wunderbar! Wenn nein, dann tröstet es Sie vielleicht zu erfahren, dass es anderen auch so geht. Nicht jeder hat auf Anhieb ein klares Bild von sich vor Augen. Der Grund dafür ist eine fehlende Selbstwahrnehmung. Viele erleben sich nur in ihrem Handeln als Mutter oder Vater, in ihrer Funktion als Berufstätige/r oder in ihrer Rolle als Ehepartner. Sie haben selten Zeit, sich um sich selbst zu kümmern und wissen daher wenig über sich. Lassen Sie sich nicht irritieren, wenn Sie sich nicht sehen konnten. Lassen Sie sich vielmehr Zeit, versuchen Sie es immer wieder aufs Neue, bis sich das Bild einstellt. Es bedarf einiger Übung, sich ebenso wichtig zu nehmen wie andere Menschen! Falls es Ihnen leichter fällt, sich in jüngeren Jahren zu sehen, dann nehmen Sie diesen Umweg, bis das heutige Alter auftaucht.
Vergleichen Sie Ihr Gemälde mit den Notizen zu dem Bild, das Sie in der Meditationsübung von sich gesehen haben.

TIPP

Konnten Sie sich oder Teile von sich nicht sehen? Dann nehmen Sie bitte Ihren Tastsinn zu Hilfe und berühren erst einmal eine dieser Körperpartien. Ölen Sie sie ein oder waschen Sie sie gefühlvoll an der Quelle ab. Wenn Ihnen das gelingt, dann versuchen Sie, diesen kleinen Ausschnitt zu sehen. Beim nächsten Mal wird es schon besser klappen.

Wenn Sie nur Ihren Kopf gesehen (oder gemalt) haben, sind Sie ein Verstandesmensch. Sie neigen dazu, Bedürfnisse und Gefühle zu kontrollieren, zu unterdrücken oder zu ignorieren. Wenn Sie nur Ihren Körper sehen konnten, aber nicht Ihren Kopf, so nehmen Sie die Gefühlsbereiche ausgeprägter wahr als Ihren Verstandesbereich und Ihre Persönlichkeitsstruktur.

Wenn Sie sich von der Seite gemalt haben oder in der Entspannung so gesehen haben, versuchen Sie zu erfassen, warum Sie eine Seite an sich bevorzugt wahrnehmen. Ist es die rechte, männliche Seite der Tatkraft oder die linke, intuitive, gefühlsbetonte, weibliche Seite? Welchen Nutzen hatte diese Betonung für Sie?

Wenn Sie Ihre Rückenansicht dargestellt haben, orientieren Sie sich an der Vergangenheit. Nähern Sie dieses Bild Ihrem heutigen Selbst an. Spüren Sie nach, was Sie in der Vergangenheit festhält und erkennen Sie die positiven Seiten der gegenwärtigen Situation. Sie werden unbelasteter in der Gegenwart leben und Prägendes aus der Vergangenheit verabschieden können.

Die Größe, in der Sie sich wahrnehmen, spiegelt wider, wie Sie sich selbst im Verhältnis zu anderen Menschen einschätzen: Haben Sie sich größer gemacht, als Sie in Wirklichkeit sind, weil Sie einen Menschen oder eine Situation beherrschen oder sich gegen eine Übermacht wehren wollen? Überlegen Sie bitte, ob es nicht besser wäre, die Energie, die Sie darauf verwenden, zur Veränderung der belastenden Situation zu nutzen. Wenn Sie sich klein gemacht haben, spüren Sie nach, warum oder vor wem Sie sich unwillkürlich ducken. Was geschieht, wenn Sie sich aufrichten?

Haben Sie sich nackt gesehen? Das ist kein Grund, sich zu schämen. Im Gegenteil: Sie sind in der Lage, den »nackten Tatsachen« über sich selbst ins Auge zu sehen! Waren Sie teilweise bekleidet? Dann nehmen Sie manche Seiten von sich nicht so klar wahr.

Haben Sie sich Augen und Ohren gegeben? Wenn ja, so sind Sie bereit, zu hören und zu sehen. Wenn nein, kann es sein, dass es Dinge in Ihrem Leben gibt, die Sie nicht sehen oder von denen Sie nichts hören wollen. Das mögen hilfreiche Selbstschutzmaßnahmen gewesen sein, aber bedenken Sie bitte, dass Ihnen dadurch auch viel Schönes entgehen kann.

Stehen Sie auf Ihrem Bild mit beiden Beinen auf dem Boden oder hängen Sie gleichsam in der Luft? Die Art, wie Sie Ihre Füße und Beine gezeichnet haben, gibt Ihnen Auskunft über Ihr Verhältnis zu Ihren Gefühlen, dem »Boden« Ihrer Persönlichkeit.

Auch die Darstellung der Arme und Hände sagt etwas über Ihr Gefühlsleben aus: Sind Arme und Hände, mit denen Sie Zärtlichkeit geben können, mit denen Sie sich aber auch Respekt verschaffen können, deutlich gezeichnet und liebevoll ausgestaltet? Oder haben Sie sie weggelassen, weil emotionales Handeln Ihnen Schwierigkeiten bereitet, Handeln überhaupt nicht Ihre Stärke ist? Interessant, aber nicht ungewöhnlich ist es, wenn Sie sich nicht Ihrem heutigen Alter gemäß, sondern jünger dargestellt haben. Die Erklärung ist einfach: Fast jeder von uns hat im Laufe seines Lebens Erlebnisse zu verarbeiten, die ihn tief treffen und dadurch verändern. Während das Leben weitergeht, bleibt ein Teil von uns tief in unserem Inneren so zurück, wie wir vor dem Erlebnis waren: Die Erstgeborene, das einzige, über alles geliebte Kind (vor der Geburt der Geschwister), ein unbekümmertes Kind (vor dem ersten Schultag), ein fröhlicher Teenager (vor dem Eintritt in den Beruf), ein unternehmungslustiger junger Mann, der gern flirtet (vor der Ehe), eine schlanke, auf sich selbst und ihre Bedürfnisse bedachte Frau (vor dem ersten Kind).

Sollten Sie sich so oder so ähnlich gemalt haben, waren Sie damals schlank und sind heute übergewichtig, dann überlegen Sie einmal, ob Ihre Sehnsucht, schlank zu werden, möglicherweise damit zusammenhängt, dass Sie die Erinnerung an dieses einstmals unbekümmerte Dasein mit der Sehnsucht nach Ihrem damals schlanken Körper verbinden?

Fallen Ihnen Bereiche auf, die Sie verändern wollen? Dann ändern Sie Ihr Gemälde und/oder Ihr Bild von sich auf der inneren Ebene im Laufe der nächsten Zeit.

Meditationsübung: Zuwendung

In der folgenden Meditationsübung dürfen Sie sich so begegnen, wie Sie einmal waren, und mit denjenigen Seiten Ihrer Persönlichkeit in Kontakt treten, die aus irgendeinem Grund nicht mit

WIE HABEN SIE SICH GEMALT? HABEN SIE …

> … mit Bleistift eine schnelle Skizze gemacht?
> … mit Farbe Gefühl hineingebracht?
> … mit Wasserfarben gemalt, so dass Ihre Gefühle dahinfließen?
> … sich mit Farbstiften klare Konturen gegeben oder
> sich mit Wachsmalstiften so richtig kraftvoll ausgedrückt?

Wenn Ihnen etwas auffällt, ändern Sie es!

Ihrer Gesamtentwicklung mitgegangen sind. Oft sind es diejenigen Seiten, die sich dem »Ich muss«, »Ich soll« und »Ich will« verweigern und die sich deshalb ein großes Maß an Lebenskraft und Selbstwertgefühl erhalten haben. Häufig wurden gerade diese sehr persönlichen Wesenszüge durch die Erziehung unterdrückt. In der Meditationsübung können Sie diesem Teil des eigenen Selbst Wertschätzung und Liebe entgegenbringen: Liebe einfach fürs »Da-Sein«, nicht für irgendeine besondere Leistung!

Ein anderes Mal begegnen Sie vielleicht einem weinenden, ängstlichen oder unsicheren Kind, dem zu einem bestimmten Zeitpunkt die nötige Hilfe, Unterstützung, Liebe oder Geborgenheit gefehlt hat, um aus der Situation gestärkt herauszuwachsen. Dann nutzen Sie die Gelegenheit, nachzuholen, was damals versäumt wurde.

Die Begegnung mit dem Kind in uns sollte von Liebe und Wertschätzung geprägt sein.

Vorbereitung: Machen Sie es sich an Ihrem Ruheplatz bequem und lesen Sie den folgenden Text aufmerksam durch, wie auf Seite 28 beschrieben. Entspannen Sie sich und beginnen Sie mit der Meditationsübung.

Übung

› Schließen Sie Ihre Augen und gehen Sie an Ihren Erholungsort. Sobald Sie sich dort wohl fühlen, »zaubern« Sie sich so dorthin, wie Sie sich als Kind in Erinnerung haben oder es spontan auftaucht.

› Nehmen Sie das Kind so an, wie es erscheint. Gehen Sie dann gemeinsam zu Ihrer Quelle, waschen Sie sich gegenseitig ab, trinken Sie beide von dem Wasser, baden Sie gemeinsam oder gehen Sie zusammen spazieren. Sie können sich auch einfach nur in die Sonne setzen und sich miteinander unterhalten.

› Achten Sie darauf, ob Sie einander Vertrauen entgegenbringen, ob Sie sich gegenseitig mögen und achten. Begegnen Sie dem Kind, das Sie einmal waren, nach Möglichkeit mit Liebe und Wertschätzung und nehmen Sie es in die Arme. Genießen Sie das Zusammensein, machen Sie ein Fest daraus!

› Wollen Sie wissen, weshalb das Kind gerade in diesem Alter ist? Fragen Sie es doch einfach nach dem Grund und bieten Sie ihm – falls nötig – alle Unterstützung an, die es sich wünscht. So benötigt ein Säugling meist Geborgenheit und Zärtlichkeit, ein Kleinkind möchte wahrgenommen werden, wie es ist, es wünscht sich Zeit für gemeinsames Spielen und Trost für seine Nöte, während ein Jugendlicher mehr das Gespräch und die Unterstützung sucht für die Fragen und Probleme in dieser Umbruchsphase. Wenn das Kind spürt, dass es in Liebe angenommen wird, kann Veränderung geschehen und eine tragfähige Beziehung entstehen, die auch Ihnen im Leben Kraft schenkt. Als Hilfsmittel können Sie die Vorstellung von Licht verwenden, bevorzugt rosafarbenes oder grünes Licht, das Sie aus dem Himmel über Ihren Kopf aufnehmen und über Ihr Herz zu dem Kind senden mit der Bitte es anzunehmen.

› Bedanken Sie sich stets am Ende der Übung bei dem Kind dafür, dass es da war, und lassen Sie es dann in Liebe gehen oder nehmen Sie das Bild in sich auf.

› Beenden Sie die Übung, wie auf Seite 31 beschrieben.

GU-ERFOLGSTIPP

Durch die helfende Verbindung zum »Kind in uns« kann in uns Entwicklung geschehen. Oft sind wir nur erwachsen, vernünftig, verantwortungsbewusst und hilfsbereit anderen gegenüber, weil wir durch die eigenen Erlebnisse deren Nöte spüren. Und dann fühlen wir uns wieder ganz wie damals als Kind, wobei wir beide Bereiche getrennt wahrnehmen. Durch die innere Begegnung des Erwachsenen mit dem Kind entsteht eine Verbindung, durch die wir die Fähigkeiten, die wir im Leben entwickelt haben, unserem eigenen inneren Kind zur Verfügung stellen können. Dadurch kann diese Seite von uns in angemessener Form in unser heutiges Leben integriert werden.

Der dritte Fastentag

Viele werden sich heute bereits körperlich leichter fühlen als gewöhnlich, und vielleicht sind Sie auch innerlich wie von einer Last befreit, denn die Reinigungsprozesse – körperliche wie seelische – haben begonnen. Freuen Sie sich über diesen ersten Erfolg und verwöhnen Sie sich ein wenig!

Was Sie heute tun sollten, um den Tag im Sinne einer richtig durchgeführten Fastenwoche zu gestalten, finden Sie auf Seite 41 im Fahrplan durch die Fastenwoche, Rezepte stehen auf Seite 53 f.

Leistungsfähigkeit und Körpergefühl

Um Eiweißabbau im Fasten zu verhindern und ein verbessertes Körpergefühl zu entwickeln, ist tägliche Bewegung für Sie sehr wichtig. Ein gesundes Gleichgewicht von Anspannung (durch Bewegung) und Entspannung (durch Meditation) fördert auch die innere Ausgeglichenheit. Alle Ausdaueraktivitäten wie Radfahren, Schwimmen, Walking, Spaziergänge, Gymnastik, Yoga oder Gartenarbeit gelingen mindestens ebenso gut wie sonst.

Wenn Sie bisher Bewegung nur als lästige Pflichtübung betrachtet haben, weil Sie Gewicht verlieren wollten oder etwas für Ihre Gesundheit tun sollten, dann versuchen Sie es doch einmal mit folgendem neuen Ansatz: Welche Bewegungsart kann Ihnen helfen, leichter mit Ihren Gefühlen umzugehen? Was hilft Ihnen bei Ärger? Vielleicht auf dem Fahrrad kräftig in die Pedale zu treten und dabei vor sich hin zu schimpfen? Wenn Sie das Gefühl haben, von einer schweren Last niedergedrückt zu werden, kann das Getragenwerden durch Wasser beim Schwimmen helfen. Oder kann Tanzen Ihnen wieder Leichtigkeit schenken?

Probieren Sie aus, wie Sie durch Bewegung belastende Gefühle lösen! Denn wir müssen diese negativen Energien nicht nur gefühlsmäßig, sondern auch körperlich verabschieden.

Fragen Sie sich möglicherweise manchmal, ob Sie alles richtig machen? Oder sind Sie besorgt, wenn Sie an manchen Tagen abschweifen, das Meditieren nicht so gut gelingt? Das macht nichts, denn Meditation hat nichts mit Leistung zu tun! An einem anderen Tag wird es Ihnen wieder besser gelingen.

WAS KÖNNTEN SIE SONST NOCH FÜR SICH TUN?

> Gönnen Sie sich ein paar Massagen oder gehen Sie endlich mal wieder in ein Konzert!

> Gibt es Wünsche, die Sie schon lange in sich tragen? Wäre nicht jetzt ein guter Zeitpunkt, sich um ihre Erfüllung zu kümmern?

> Wie wäre es, sich endlich für den Bauchtanz- oder Yogakurs anzumelden oder regelmäßig ins Schwimmbad zu gehen?

> Setzen Sie damit für sich ein Zeichen, dass Sie ab jetzt in neuer Weise für sich sorgen.

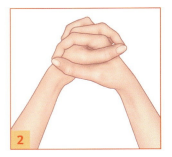

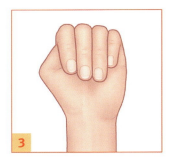

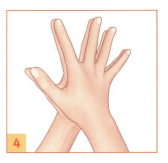

YOGA MIT DEN FINGERN

Als hilfreiche Ergänzung zur Bewegung – auch für absolut Bewegungsfaule – empfehle ich Ihnen »Yoga mit den Fingern«, sogenannte Mudras. Das sind unterschiedliche Fingerhaltungen, die sowohl den Körper als auch die Seele beeinflussen und mit Meditationen kombiniert werden können. Einige Mudras sind Ihnen sicher bekannt. Beispielsweise entspricht die Haltung einer Marienfigur mit vor dem Brustkorb flach aufeinandergelegten Händen und geschlossenen Fingern dem Atmanjali-Mudra 1 , das die innere Besonnenheit öffnet und dadurch Quelle der Kraft, Heilung, Weisheit und Freude ist. Es bringt zur Ruhe und aktiviert die Gehirntätigkeit.

Wenn Menschen zum Gebet die Hände falten und dabei Daumen und Zeigefinger jeder Hand zu einem Kreis schließen, sind wir bei Granthitam, dem Gebetsmudra 2 . Es begünstigt das Loslassen (von Schmerz oder Trauer) und verbindet durch die Berührung von Zeigefinger und Daumen das Menschliche mit dem kosmischen Bewusstsein.

Das Savitur-Mudra 3 hilft bei Depression, Niedergeschlagenheit und Melancholie. Ballen Sie dafür Ihre linke Hand zu einer Faust, wobei Sie den Daumen zwischen die Finger und die Handfläche legen. Dabei tief einatmen.

Zur Stärkung aller Ebenen und besonders des Lymphsystems nehmen Sie das Anti-aging-Mudra 4 : Drücken Sie dafür beim Ausatmen die Hände kräftig gegeneinander, während Sie gleichzeitig die Finger kräftig auseinanderspreizen. Wiederholen Sie dieses Mudra regelmäßig, wobei Sie Intensität, Dauer und Häufigkeit steigern. Sind Sie auf den Geschmack gekommen? Dann gehen Sie auf Entdeckungsreise und lernen eine Vielzahl von unterschiedlichsten Mudras und deren Auswirkungen kennen (»Bücher, die weiterhelfen«, siehe Seite 121).

Wenn Sie frieren

Während der Fastenzeit, frieren Sie rascher als sonst und es kann sein, dass Sie dadurch am Abend nicht gleich einschlafen können, weil Ihnen kalt ist. Helfen Sie sich mit einer Tasse heißem Tee, flauschigen Wollsocken, einer Wärmflasche, einer warmen Wolldecke oder einem ansteigenden Fußbad (siehe Seite 120), das den ganzen Körper positiv beeinflusst, damit wieder wohlige Wärme bei Ihnen entsteht.

Wenn Sie abends schlecht einschlafen

Es kann sein, dass Sie in der Fastenwoche schlechter einschlafen können als sonst. Wenn Ihnen zu viele Gedanken durch den Kopf schwirren oder viele Gefühle auftauchen, die Sie bewegen, dann nehmen Sie Ihr Tagebuch zur Hand und schreiben Sie alles auf, was Ihnen einfällt. Ein entspannender Spaziergang in Ihrer inneren Landschaft kann oft den Übergang in den Schlaf erleichtern. Haben Sie keine Angst, dass Sie so um Ihren Schlaf kommen könnten: Im Fasten brauchen Sie zwar mehr Ruhe, aber weniger Schlaf als sonst.

> **GU-ERFOLGSTIPP**
>
> Falls Sie lange keinen Sport mehr getrieben haben und wissen, dass Sie leicht Muskelkater bekommen, können Sie dies durch die Einnahme von Magnesium abpuffern. Magnesium ist ein Mineralstoff, der vor allem in Getreideprodukten, Gemüse, Nüssen, Sojabohnen und Milchprodukten vorkommt. Magnesium ist für viele Aufgaben in unserem Körper zuständig, unter anderem für die Informationsübertragung von den Nerven zu den Muskeln. Es wird, da es die Blutgerinnung hemmt, zum Schutz vor Thrombose und Infarkten eingesetzt. Magnesium hilft auch bei Stress und ist an der körpereigenen Abwehr von Krankheiten beteiligt.

Meditationsübung: Mein Körperbild

Im Laufe Ihres Lebens ist in Ihrem Unterbewusstsein ein ganz bestimmtes Bild Ihres Körpers entstanden. Dies ist häufig anders als unser Wunschbild. Die Meditationsübungen des heutigen Tages ermöglichen es Ihnen, Ihr Körperbild und Ihr Wunschbild in eine neue Beziehung zu setzen.

Vorbereitung: Machen Sie es sich an Ihrem Ruheplatz bequem und lesen Sie den folgenden Text aufmerksam durch, wie auf Seite 28 beschrieben. Entspannen Sie sich und beginnen Sie mit der Meditationsübung.

Übung

> Ziehen Sie sich an Ihren Erholungsort zurück.

> Nehmen Sie sich Zeit, Ihren Körper zu betrachten. Was gefällt Ihnen? Was mögen Sie nicht so gerne? Was lehnen Sie ab? Wenden Sie sich auch Ihren Wesenszügen zu: Empfinden Sie sich als besonders weiblich oder männlich? Sind Sie eher ein »Kumpel«? Sind Sie zart besaitet? Stehen Sie mit beiden Beinen fest im Leben? Oder lassen Sie sich leicht verunsichern? Was Ihnen auch ein- oder auffällt – registrieren Sie es einfach, werten Sie nicht!

> Versuchen Sie dann, ein Idealbild von sich selbst entstehen zu lassen. Was an Ihrem Körper würden Sie ändern? Würden Sie auch Wesenszüge ändern? Wenn ja, welche?

> Betrachten Sie dieses Idealbild genau, werten Sie nichts, versuchen Sie aber, es mit Ihrem tatsächlichen Körperbild zu vergleichen. Wenn es nichts mehr zu entdecken gibt, so bedanken Sie sich bei Ihrem Körperbild und bei Ihrem Idealbild.

> Beenden Sie die Übung, wie auf Seite 31 beschrieben.

GU-ERFOLGSTIPP

Schlafen Sie schlecht? Dann versuchen Sie es einmal mit Schüßler-Salzen. Der Arzt und Homöopath Dr. Wilhelm Heinrich Schüßler (1821–1898) bereitete Mineralsalze so auf, dass sie für die Körperzellen zugänglich sind und auf diesem Wege die chemischen Abläufe in den Zellen wieder normalisieren. Dadurch sind sie geeignet, eine Vielzahl von Funktionsstörungen zu beseitigen. Bei Schlafstörungen kann Ihnen die Nr. 7 Magnesium phosphoricum D6 eine Hilfe sein, vor allem wenn Sie abends nicht abschalten können. Lösen Sie dafür vor dem Schlafengehen fünf Tabletten in heißem Wasser auf und trinken Sie die Lösung noch heiß schluckweise aus. Sollte nach vier Tagen keine Besserung eintreten, wechseln Sie auf die Nr. 5 Kalium phosphoricum D6. Bei Störungen, die speziell zwischen 23 und 3 Uhr auftreten, hilft die Nr. 10 Natrium sulfuricum D6.

WAHRE GESCHICHTE

Ich selbst habe an mir festgestellt, wie sinnvoll es ist, den Ursachen dieses Widerspruchs zwischen Körperbild und Wunschbild auf den Grund zu gehen. Trotz aller Diätversuche nahm ich während der Pubertät immer mehr zu. In der Fantasie sah ich mich als eine wunderbar schlanke Frau, die ein aufreizendes schwarzes Lederkleid mit Nahtstrümpfen trug und der die Männer nachschauten. In Wirklichkeit bekleideten mich weite Hosen und Pullover, war ich der zuverlässige Kumpel, mit dem man Pferde stehlen konnte, und scheute den Kontakt mit Männern. Erst viele Jahre später erkannte ich in einer Meditation, wie arrogant und kühl diese Frau war, von der ich mir ein Bild gemacht hatte. Und mir wurde bewusst, dass in Wirklichkeit dieses »Traumbild« eher ein Alptraum war, eine wesensfremde »Scheinlösung« meiner Beziehung zu Männern, die dringend neue Wege brauchte.

Die inneren Bilder – was sie bedeuten können

Bei vielen von uns unterscheidet sich das tatsächliche Aussehen von der Vorstellung davon, wie wir aussehen möchten. Dieser Widerspruch zwischen Realität und Ideal kann unter Umständen sehr belastend sein.

Wenn Sie in der Meditationsübung festgestellt haben, dass zwischen Ihrem tatsächlichen Körperbild und Ihrem Idealbild große Unterschiede bestehen, kann es sein, dass auch Sie einen ähnlichen Traum wie in der wahren Geschichte (siehe oben) mit sich herumtragen, eine scheinbare Lösung für ein Problem mit Lebensaspekten oder Gefühlen. Wenn Ihr Körperbild und Ihr Idealbild sich in den Wesenszügen nicht voneinander unterscheiden, sondern wenn Sie sich eigentlich mögen und nur gerne etwas lebenslustiger wären oder schicker gekleidet, haben Sie es leichter. Sagen Sie nicht länger: »Wenn ich schlank bin, dann kaufe ich mir ein schickes Kleid und gehe aus.« Kaufen Sie sich Ihr Wunschkleid und gehen Sie aus! Und erleben Sie, welche Erfahrungen Ihnen dieses Ausprobieren schenkt.

Nehmen Sie alle »Wenn ich schlank bin, dann…«-Gedanken aus der Zukunft mit in die Gegenwart und suchen Sie Wege, Ihre Wünsche heute zu leben.
Vielleicht konnten Sie sich gar nicht schlank sehen? Dann überlegen Sie, ob Sie wirklich Gewicht verlieren wollen oder ob Sie sich nur einer Forderung von außen beugen? Die Existenz einer inneren schlanken Version von sich selbst ist die Voraussetzung dafür, schlank zu werden!
Wenn Sie statt überzähliger Kilos ein anderer Gesundheitsaspekt bewegt oder Sie nur bestimmte Körperteile nicht mögen, dann betrachten Sie Ihr Körperbild und Ihr Idealbild entsprechend hinsichtlich Ihrer speziellen Situation.

Meditationsübung: Die neue Erscheinung

Vorbereitung: Machen Sie es sich an Ihrem Ruheplatz bequem und lesen Sie den folgenden Text aufmerksam durch, wie auf Seite 28 beschrieben. Entspannen Sie sich und beginnen Sie mit der Meditationsübung.

Übung

› Bitten Sie Ihr Körperbild und Ihr Idealbild zu sich an Ihren Erholungsort. Machen Sie es sich dort bequem und lassen Sie die beiden Gäste miteinander reden: Jeder darf ausführlich zu Wort kommen und berichten, warum er so ist, wie er ist, warum er sein Aussehen gewählt hat und wie er mit dem Leben umgeht.

› Hören Sie zu, greifen Sie nicht ein! Schlüpfen Sie in beide Rollen und fühlen Sie die Unterschiede wie auch die Gemeinsamkeiten. Lassen Sie sich Zeit, die Vorteile jeder Seite zu spüren und einen gegenseitigen Austausch stattfinden zu lassen. Vielleicht nähern sich die beiden Bilder einander an und es entsteht eine Synthese oder Sie fühlen, dass eine Seite für Sie hilfreicher ist und nur kleine Veränderungen für Sie sinnvoll sind. Wie auch immer Ihr Resultat aussieht, Sie sollten sich darin zuhause fühlen.

› Sie haben sich trotz Übergewicht gleich schlank gesehen und dabei vielleicht auch jünger? Dann müssen Sie erst in Ihrem heutigen Körper ankommen und seine Realität wahrnehmen und spüren, bevor Sie etwas verändern können.

› Wenn Ihre beiden Gäste sich nichts zu sagen haben oder wenn sie sich lange genug unterhalten haben und ihnen nichts mehr einfällt, dann begleiten Sie die beiden zur Quelle, wo sie baden können. Verabschieden Sie sich danach und geben Sie ihnen einen Auftrag mit auf den Weg: Bitten Sie sie, nach einer Lösung für das Problem zu suchen, dass zwei Bilder Ihres Körpers in Ihnen existieren. Sie selbst bleiben zurück und erholen sich »nach getaner Arbeit«.

› Beenden Sie die Übung, wie auf Seite 31 beschrieben.

Der Trick mit der Collage

Wenn Sie Ihr Körperbild ändern wollen, aber nicht wissen wie, dann hilft Ihnen ein Klebebild, sich eine Vorstellung davon zu machen, wie Sie aussehen könnten.

Als Sie sich selbst gezeichnet haben, haben Sie das Selbstbild kennen gelernt, das Ihr Unterbewusstsein von Ihnen geformt hat. Wenn Sie jetzt ein Klebebild von Ihrem zukünftigen Aussehen machen, kehren Sie diesen Mechanismus um: Sie veranlassen Ihr Unterbewusstsein, sich ein neues Bild von Ihnen zu machen.

Nehmen Sie ein Foto von sich, auf dem Sie Ihr Gesicht mögen, und suchen Sie einen Körper aus einer Illustrierten aus. Kleben Sie nun aus Ihrem Kopf und Ihrem Traumkörper eine Collage zusammen. Dabei sollten Sie drei wesentliche Punkte beachten:

› Das Foto sollte neu sein.
› Die Proportionen von Kopf und Körper müssen passen.
› Der »neue Körper« sollte Ihrem Typ entsprechen. Wenn Sie sportlich sind, sollten Sie als Mann also keinen Nadelstreifenanzug wählen, als Frau kein Rüschenkleid.

Wie wirkt das Bild auf Sie? Spielen Sie in Ihren Gedanken mit dieser veränderten Person mehrere Ihrer eigenen Lebenssituationen durch, um wahrzunehmen, ob spezielle Situationen die »neue Person« ins Wanken bringen. Lassen Sie sich Zeit, vertrauen Sie diesem neuen Bild, dieser neuen »Schöpfung« Ihres Selbst, dass sie den Weg bis zu ihrer Verwirklichung gehen wird.

TIPP

Wenn Ihnen diese Art Veränderungen einzuleiten gefällt und Sie sie auch für andere Lebensbereiche nutzen möchten, kann Ihnen auch NLP (Neurolinguistisches Programmieren) weiterhelfen. Das Neurolinguistische Programmieren ist ein Selbstlernprogramm, um negative Erfahrungen umzuprogrammieren. Dabei wird das innere Erleben bewusst wahrgenommen und die Energie glücklicher Momente genutzt, um neue kreative Ziele zu finden (»Bücher, die weiterhelfen«, siehe Seite 121).

Der vierte Fastentag

Heute ist die Situation des Fastens für Sie schon fast »alltäglich«. Sollten Sie dennoch Hunger bekommen (was vor allem dann der Fall sein kann, wenn Sie schlank sind), prüfen Sie zunächst, ob Sie genug getrunken haben. Wenn ja, dann genießen Sie im Lauf des Tages ein Glas Buttermilch in kleinen Schlucken.

Was Sie heute tun sollten, um den Tag im Sinne einer richtig durchgeführten Fastenwoche zu gestalten, finden Sie auf Seite 42 im Fahrplan durch die Fastenwoche, Rezepte stehen auf Seite 53 f.

Fastenflaute

Für viele ist die Fastenzeit eine Zeit der Hochgefühle, Beschwingtheit und Leichtigkeit. Doch vielleicht stellen Sie fest, dass sich Ihre Stimmung verändert, dass Aggressionen, Launenhaftigkeit oder Trauer Ihnen zu schaffen machen. Auch das ist normal. Übergehen Sie diese Empfindungen nicht; beschäftigen Sie sich mit ihnen – es ist höchste Zeit!

Über die Harmonie der Gefühle

Kein Mensch ist immer ausgeglichen und guter Laune, auch negative Gefühle gehören zu uns: Das Trauern ist lebenswichtig, und ohne Aggressionen würde uns eine Lebenskraft fehlen, die uns hilft etwas zu verändern. Wenn Sie Gefühle ständig hinunterschlucken, mit dem Essen im wahrsten Sinne des Wortes in sich hineinfressen, dann wird nicht nur Fett abgelagert, sondern es werden auch Ihre Gefühle unverarbeitet abgespeichert. Und so wie Ihr Fett im Fasten zur Verarbeitung freigesetzt wird, tauchen häufig auch die alten Gefühle wieder auf. Wundern Sie sich also nicht über Gefühle, für die es »doch gerade keinen Grund gibt«. Es sind »alte Bekannte«, die verstanden und angenommen werden wollen, um dann verabschiedet zu werden. Begegnen Sie den Gefühlen mit Bewegung an der frischen Luft oder machen Sie es sich für ein Weilchen mit einer Wärmflasche im Bett gemütlich. Natürlich können Sie sich Ihre Gefühle auch von der Seele schreiben. Durch das Niederschreiben gewinnen Sie den nötigen Abstand, und dadurch eröffnet sich Ihnen ein neuer Blickwinkel. Oder möchten Sie in Ihre innere Landschaft gehen und alles Störende an der Quelle abwaschen? Die folgende Meditation hilft Ihnen beim Umgang mit negativen Gefühlen.

TIPP

Voll mit Gefühlen? Dann tun Sie etwas für sich:
> Gehen Sie mit einem Teddybär oder einer Wärmflasche ins Bett und machen Sie sich's gemütlich.
> Schlagen Sie mit voller Wucht auf Matratzen oder Kissen ein.
> Schreiben Sie sich den Ärger von der Seele.
> Tanzen Sie sich frei mit Musik, die Ihrer Laune entspricht.
> Malen Sie Ihr Gefühl und anschließend das Gefühl der Lösung.
> Bitten Sie einen geliebten Menschen, Sie in die Arme zu nehmen.

Meditationsübung: Ich mag mich

Bei den Meditationsübungen des ersten und dritten Fastentages ging es darum, wahrzunehmen, was bisher war. Wichtig und neu war es, die mit dem Essen verbundenen Gefühle kennen zu lernen, Ihr altes Körperbild zu erkennen und es Ihrem Idealbild gegenüberzustellen mit dem Ziel, einen Kontakt zwischen bisher Gegensätzlichem herzustellen: Bewusstes und Unbewusstes, Altes und Neues, Realität und Wunsch sollten einander begegnen, um gemeinsam zu etwas Neuem zu werden, das mit allen Ihren Seiten in Einklang steht. Die folgende Übung zeigt Ihnen einen Weg, mit Gefühlen so umzugehen, dass sie zugänglich werden – so wie ein bockiges Kind durch liebevolle Zuwendung ansprechbar wird.

Vorbereitung: Machen Sie es sich an Ihrem Ruheplatz bequem und lesen Sie den folgenden Text aufmerksam durch, wie auf Seite 28 beschrieben. Entspannen Sie sich und beginnen Sie mit der Meditationsübung.

GU-ERFOLGSTIPP

Bei der Verarbeitung von Gefühlen kann die Bachblütentherapie eine große Hilfe sein. Die von dem englischen Arzt Dr. Eduard Bach entwickelten Blumenessenzen unterstützen Sie bei Veränderungen, da sie Blockaden auflösen. Dafür werden Verdünnungen hergestellt (in Apotheken erhältlich), die über einige Wochen mit 4 x täglich 4 Tropfen eingenommen werden. Im Fastenprozess bewährt:

Honeysuckle (Geißblatt): hilft Ihnen, in der Gegenwart Neues zu beginnen, wenn Sie zu sehr an der Vergangenheit hängen
Larch (Lärche): unterstützt bei Minderwertigkeitsgefühlen
Pine (Kiefer): hilft Schuldgefühle loszulassen
Walnut (Walnuss): bestärkt Sie, sich vom Alten zu lösen
Star of Bethlehem (Doldiger Milchstern): hilft bei Schockerlebnissen
Rescue Remedy (Notfalltropfen): »erste Hilfe« bei Krisen, Verletzungen, erschreckenden Nachrichten (Geben Sie ein paar Tropfen aus der Essenzflasche in ein Glas Wasser und trinken Sie es schluckweise aus.)

Übung

> Ziehen Sie sich an Ihren Erholungsort zurück, gehen Sie dort zunächst ein wenig spazieren, baden Sie oder trinken Sie vom Quellwasser. Lassen Sie sich dann an einem ruhigen Plätzchen nieder (Sie können in Gedanken auch eine Bank oder ein Sofa aufstellen).

> Wenn Sie bequem sitzen, »verdoppeln« Sie sich einfach einmal. Lassen Sie sich selbst als Ihren eigenen Gesprächspartner entstehen und machen Sie es sich wie mit einem lieben Besuch gemütlich. Nehmen Sie wahr, wie Sie sich selbst begegnen: liebevoll, kritisch, ablehnend oder wertschätzend?

> Nun unterhalten Sie sich mit sich selbst. Erzählen Sie sich von Ihren Kümmernissen, von Ihren Sorgen, Ängsten, Wünschen, Hoffnungen und von Ihrem Alltag. Hören Sie sich gegenseitig mit der Herzlichkeit, Wertschätzung und Toleranz zu, mit der Sie einem lieben Freund oder einer Freundin begegnen würden. Seien Sie aber auch ehrlich! Wenn Sie Ihr Gegenüber als Konkurrenten, als Feind, sogar als Bedrohung empfinden, dann überlegen Sie, warum. Sie werden den anderen in sich bald besser kennen lernen. Nur so kann in Ihnen wirklicher Friede entstehen.

> Nach diesem Gespräch können Sie gemeinsam etwas unternehmen: Gehen Sie baden, machen Sie einen Spaziergang, tanzen Sie.

> Beenden Sie die Übung, wie auf Seite 31 beschrieben.

TIPP: Was tun, wenn's nicht gleich klappt?
»Und wenn mir die Veränderungsversuche misslingen?«, werden Sie vielleicht einwenden. Die Antwort ist einfach: Dann lassen Sie sich Zeit und machen zunächst mit den anderen Übungen, die Ihnen leichter fallen, weiter. Über diesen Umweg werden Sie – auch bei einem für Sie schwierigen Thema – zu einer Veränderung gelangen.

Das innere Erlebnis – was es bedeuten kann

Wie haben Sie sich gefühlt, als Sie sich selbst begegnet sind? Haben Sie Ablehnung gespürt? Standen Sie sich selbst kritisch gegenüber? Haben Sie sich vielleicht sogar Vorwürfe gemacht? Oder mochten Sie sich und haben sich gefreut, sich selbst zu begegnen, waren glücklich, jemanden zu treffen, der Sie versteht? Versuchen Sie, sich genau an Ihre Reaktion zu erinnern: So stehen Sie sich selbst gegenüber, dem wichtigsten Menschen in Ihrem Leben, mit dem Sie am längsten zusammenleben. Die Art, wie Sie mit sich selbst umgehen, beeinflusst die Art, wie andere mit Ihnen umgehen (weil Sie es zulassen). Werden Sie sich zum besten Freund/zur besten Freundin und unterstützen Sie sich!

Über den Selbstwert

Viele von uns haben als Kinder erlebt, dass die Eltern ihre Wesenszüge abgelehnt haben. Die meisten von uns haben gelernt, dass sie etwas leisten müssen (Karriere, Attraktivität, Zuverlässigkeit), um geliebt zu werden. Doch in seinem Innersten sehnt sich jeder von uns danach, einfach so geliebt zu werden, wie er ist, unabhängig von besonderen Leistungen!

Sollten Sie Ähnliches erlebt haben, machen Sie bitte niemandem Vorwürfe. Es ist menschlich, den anderen zu »seinem Besten« formen zu wollen. Sie selbst tun es genauso!

Es hilft auch nicht weiter, bestimmte Seiten Ihres Wesens auf Kosten anderer Menschen auszuleben; das wäre der Beweis dafür, dass Sie eben nicht in Harmonie mit sich selbst leben. Nutzen Sie die Möglichkeit, mithilfe der Meditationsübungen alle Teile Ihres Selbst – die erwünschten ebenso wie die unerwünschten – zu einem ausgewogenen Ganzen zu verbinden. Ein Beispiel: Solange Sie sich über einen bestimmten Wesenszug Ihres Partners ärgern und an ihm herumnörgeln, wird es immer wieder um diesen Punkt Streit geben. Probieren Sie es einmal genau andersherum: Versuchen Sie, diesen Zug zu akzeptieren, dann wird er vermutlich schwächer, und Sie können ruhiger und liebevoller darauf reagieren. Wichtig dabei ist, dass Sie diesen Wesenszug tatsächlich akzeptieren und nicht nur so tun, als ob.

Dieses Prinzip wirkt, bei sich selbst angewandt, noch viel besser. Je mehr Sie lernen, sich so zu akzeptieren, wie Sie jetzt sind, desto einfacher werden Sie es mit sich haben und desto unbeschwerter werden Sie sein – innerlich und äußerlich.

Meditationsübung: Ich bin wertvoll und liebenswert

Bei der folgenden Meditationsübung werden Sie spüren, wie wertvoll Sie sind. Sie lernen, sich selbst zu lieben und zu schätzen.

Vorbereitung: Machen Sie es sich an Ihrem Ruheplatz bequem und lesen Sie den folgenden Text aufmerksam durch, wie auf Seite 28 beschrieben. Entspannen Sie sich und beginnen Sie mit der Meditationsübung.

Übung

> Bevor Sie mit der Übung beginnen, machen Sie sich bewusst, dass Sie sich jetzt selbst in Liebe begegnen werden. Nehmen Sie die Bereitschaft dazu mit in die Meditationsübung.

> Ziehen Sie sich dann an Ihren Erholungsort zurück und »verdoppeln« Sie sich noch einmal. Spüren Sie, dass Ihnen vor Freude ganz warm ums Herz wird, weil Sie jemandem begegnen, den Sie lieben und schätzen. Lassen Sie sich Zeit, diese Gefühle zu entwickeln. Geben Sie nicht auf, auch wenn es Ihnen am Anfang nicht gleich gelingt, sich selbst positive Gefühle entgegenzubringen. Stellen Sie sich einen Lichtfluss vor, der aus dem Himmel über Ihren Kopf und Ihr Herz zu Ihrem Gegenüber fließt.

> Wenn Sie spüren, wie gern Sie einander haben, umarmen Sie einander und besprechen Sie eine Möglichkeit, in Zukunft zusammenzuwirken. Sie können dafür auch gemeinsam in Alltagssituationen gehen und sie als Team erleben. Dann spüren Sie den Unterschied, wie es ist, allein oder zu zweit eine Situation zu bewältigen.

> Wenn Ihnen das noch nicht möglich ist, wiederholen Sie die Übung und bitten Sie einfach Ihren Gesprächspartner, gemeinsam mit Ihnen eine Lösung zu finden. Bedanken Sie sich danach für das Gespräch.

> Beenden Sie die Übung, wie auf Seite 31 beschrieben.

> Machen Sie sich keine weiteren Gedanken; der »Appell an beide Seiten« wird seine Wirkung tun, es werden Ihnen ganz von selbst Lösungen einfallen. Denn genauso wie bei einem Konflikt mit einem anderen Menschen braucht es Zeit, um positive Ideen zu entwickeln.

Lust auf eine Massage?

Wenn Ihr Kontakt sich positiv gestaltet hat und Sie diese Meditationsübung gerne ausdehnen wollen, dann legen Sie sich doch abwechselnd in Ihrer inneren Landschaft auf den Boden oder auf eine Bank, während der andere Teil den Körper massiert: Streichen Sie vom Kopf bis zu den Füßen und schütteln Sie anschließend die Hände aus. Wiederholen Sie dies so oft, wie es beiden angenehm ist. Sie können dabei auch die Vorstellung zulassen,

---

WELCHE MITTEL HABEN SIE BISHER GENUTZT, UM GELIEBT ZU WERDEN?

> Leistung, Perfektion, Schönheit?
> Lieb sein, alles akzeptieren, sich anpassen?
> Hilfsbereit sein, anderen stets zuhören, Mitgefühl haben?

Oder sind Sie eher der trotzige Typ und sagen sich: Wenn die anderen mich nicht so mögen, dann:

> gehe ich aus Prinzip in Opposition,
> gehe ich in Konkurrenzkampf,
> demonstriere ich ihnen meine Schattenseiten.

Schreiben Sie es auf!

dass Sie über die Füße alles herausfließen lassen, was Sie nicht mehr benötigen und sich anschließend mit Licht füllen. Sie vertiefen dadurch die Begegnung und verbessern das Loslassen von Vergangenem. Sie können es unbegrenzt ausdehnen.

Warum esse ich eigentlich »so«?

Haben Sie durch die Entdeckungsreise der letzten Übungen erkannt, welche Gründe Ihr Dicksein hat? Es gibt so viele Motive und Ursachen dafür, wie es Menschen gibt. Für manche ist es eine Gewohnheit aus der Kindheit, etwa den Teller leer zu essen, während andere nach einem Schockerlebnis, das sie nicht verarbeiten konnten, zunahmen. Manchmal ist es die unbewusste Angst vor begehrlichen Männerblicken, während man sich gleichzeitig nach einem Partner sehnt. Als Schlafersatz bei Schichtarbeitern oder schwierigen Babys/Kleinkindern kann Essen genauso eingesetzt werden wie aus Mangel an Zeit für sich und an Freude bringenden Betätigungen, aus Sehnsucht nach den gemeinsamen Mahlzeiten im Elternhaus oder der verlorenen Gemeinschaft mit dem Lebenspartner. Wiederum andere schützen sich gegen Erwartungen der Umwelt oder essen, um Emotionen zu bewältigen, vielleicht weil sie schon als Kinder mit Essen getröstet wurden. Es zu werten bringt uns der Lösung nicht näher. Verstehen und neue Lösungswege für diese Motive zu entwickeln, das hilft weiter. Dafür braucht es sowohl das innere, bildhafte Entwickeln von Möglichkeiten als auch das bewusste Trainieren in der Umsetzung, denn die Macht der Gewohnheiten ist groß. Sie sind die einzige Person, die die Gründe erspüren und begreifen und verändern kann. So liegt nicht nur die Verantwortung bei Ihnen, auch die Chance einer Veränderung. Nutzen Sie diese Chance, aber seien Sie geduldig mit sich!

Was passiert bei Stress?

Es wird Phasen geben, in denen Sie in alte Muster und Essgewohnheiten zurückfallen. Wenn Sie dies als normales Stolpern akzeptieren, wie bei einem Kind, das Laufen lernt, können Sie sich mit Trost wieder auf die Beine helfen.

Ihre übergewichtige Seite war bisher ein Hilfsmittel für Sie, Ihr Leben zu meistern. Wenn Sie nun Ihr Hilfsmittel seelisch auswechseln, gewinnt manchmal dennoch das alte die Oberhand, vor allem in Belastungsphasen, wenn Sie Stress haben. Es ist ein Hilferuf, dass Sie Unterstützung brauchen. Begeben Sie sich in solchen Momenten in Ihre innere Landschaft und wenden sich Ihrer »fehlerhaften« Seite zu. Lassen Sie sich erzählen, warum sie so viel gegessen hat, nehmen Sie sie liebevoll und mit Verständnis in die Arme. Sagen Sie ihr, dass Sie sich eine neue Form der Bewältigung schwieriger Situationen wünschen und ihr alle Unterstützung geben, diese auszuprobieren.

Ähnlich können Sie mit der Kritik von Mitmenschen umgehen. Denn andere müssen und können Sie und Ihre innere Situation und damit verbundene Verhaltensmuster nicht verstehen. Nehmen Sie sich in die Arme und lassen Sie die Kritik des anderen außen stehen, so verliert sie ihre verletzende Kraft.

Nach und nach werden die unterschiedlichen Seiten in Ihnen zu einem tollen Team, das sich über Stolpersteine und Hindernisse hinweghilft, sich Kraft und Zuneigung gibt und somit gemeinsam neue Wege zu mehr Selbstachtung und Eigenliebe findet.

DEM SPIEGELBILD BEGEGNEN

Ergänzen Sie Ihren liebevollen Kontakt mit sich selbst auf ganz praktische Weise: Begegnen Sie sich bei jedem Blick in den Spiegel mit den Worten: »Ich mag mich selbst bedingungslos« oder »Ich mag mich selbst von ganzem Herzen, so wie ich bin«. Mit jedem Mal wird es seine Wirkung vertiefen. Und wenn von innen Kommentare auftauchen wie: »Ja, wenn ich…« oder »Ja, aber…«, dann hören Sie gut zu und überlegen Sie, worin diese Aussagen ihren Ursprung haben und lassen Sie sie los.

Der fünfte Fastentag

Noch 24 Stunden, und Sie haben ein für Sie wichtiges Ziel erreicht! Gedanken an Essen oder an Gewichtsverlust dürfen beiseite treten. Was Sie in den vergangenen Tagen über sich selbst entdeckt haben, ist viel wichtiger als die Frage, ob Sie ein Pfund mehr oder weniger verabschiedet haben.

Was Sie heute tun sollten, um den Tag im Sinne einer richtig durchgeführten Fastenwoche zu gestalten, finden Sie auf Seite 42 im Fahrplan durch die Fastenwoche, Rezepte stehen auf Seite 53 f.

Stärken Sie Ihre Selbstliebe

In der nächsten Meditationsübung werden Sie Ihre Herzenskräfte in neuer Form kennen lernen und damit Ihre Eigenliebe weiter entfalten. Verwechseln Sie diese Eigenliebe nicht mit Selbstsucht oder gar Egoismus. Selbstliebe, die Liebe zu unserem Selbst, ist die wichtigste Voraussetzung, andere so lieben und annehmen zu können, wie sie sind.

Meditationsübung: Herzenskräfte

Vorbereitung: Machen Sie es sich an Ihrem Ruheplatz bequem und lesen Sie den folgenden Text aufmerksam durch, wie auf Seite 28 beschrieben. Entspannen Sie sich und beginnen Sie mit der Meditationsübung.

Übung

› Ziehen Sie sich an Ihren Erholungsort zurück. Genießen Sie die Sonne und erfrischen Sie sich an Ihrer Quelle.

› Lassen Sie nun Ihr Herz in der Landschaft erscheinen, und zwar so groß, dass Sie mit Leichtigkeit hineingehen können. Überlegen Sie nicht lange, wie es aussehen könnte, sondern nehmen Sie Ihr Herz so an, wie es Ihnen erscheint: als biologisches Herz, als Fantasiegebilde, als Zelt, Hütte oder in ganz anderer Form. Gehen Sie dann in Ihr Herz hinein.

› Betrachten Sie Ihr Herz innen in all seinen Einzelheiten. Welche Form hat es? Welche Farbe? Wie sind die Wände beschaffen und wie der Boden?

› Ist das Herz dunkel oder ist es hell? Wie ist es eingerichtet? Ist Ihnen dieser Ort angenehm, ist er etwas ungemütlich oder sogar fremd? Ist er belebt oder lange nicht besucht worden?

› Verändern Sie den Raum nach Ihrem Geschmack, richten Sie ihn für Ihre Bedürfnisse ein. Wenn Sie sich zu Hause fühlen, dann schauen Sie nach, ob Sie in Ihrem Herzen eine Lichtquelle finden, eine Kerze oder ein Feuer. Bringen Sie dieses Licht in die Mitte des Raumes, lassen Sie es groß und hell werden, bis Ihnen wohlig warm ist. Dringt von außen Licht in Ihr Herz? Sehen Sie sich zum Abschluss

TIPP

Nehmen Sie sich Zeit und notieren Sie sich, um es sich ganz bewusst zu machen, was für Sie in den letzten Tagen als Bereicherung entstanden ist:
› im Erleben
› in der Erkenntnis
› in Ihren Gefühlen
› an neuen Erfahrungen
› an neuen Möglichkeiten.

um. Sind Sie allein oder haben Sie Gäste? Wenn ja, fragen Sie die anderen Menschen, weshalb sie da sind, was sie wollen, und verabschieden Sie sie dann. Sollte es schwierig für Sie sein, sie gehen zu lassen, können Sie den Kontakt auf einfache Weise herstellen: Sobald jemand Ihr Herz verlassen hat, senden Sie einen intensiven Lichtstrahl zu ihm. Auf diese Weise können Sie den Kontakt zu allen halten, die nun außerhalb Ihres Herzens wohnen, am besten in deren eigenem Herz. Machen Sie es sich dann mit sich selbst gemütlich und genießen Sie Ihr neu gestaltetes Reich.

› Beenden Sie die Übung, wie auf Seite 31 beschrieben.

Die inneren Bilder – was sie bedeuten können

Form und Farbe des Herzens sollen uns hier nicht interessieren, denn über Geschmack lässt sich bekanntlich streiten. Wenn Ihnen allerdings Form und Farbe Ihres Herzens nicht gefallen, dann verändern Sie es. Ihr Herz gehört Ihnen, Sie sollen sich dort zu Hause fühlen. Sie haben es sich im Laufe Ihres Lebens »eingerichtet«. Wenn Sie in Ihrem Herzensraum eine veraltete Einrichtung vorgefunden haben, dann befreien Sie Ihr Herz von diesen alten Erinnerungen und modernisieren Sie!

Haben Sie zerbrechliches oder aber robustes Mobiliar vorgefunden, das Ihnen nicht zusagt, dann richten Sie sich neu ein. Es liegt an Ihnen, ob Sie einen neuen Weg gehen wollen.

War der Raum Ihres Herzens dunkel oder hell? Hat Ihr Herz eine eigene Lichtquelle oder strömt das Licht von außen herein? Gab es Fenster, die geschlossen waren, oder waren die Fenster weit geöffnet? Eine Lichtquelle im Herzen symbolisiert unsere Kraft, uns und andere zu lieben. Licht, das von außen hineinscheint, zeigt unsere Fähigkeit, Liebe von anderen anzunehmen.

Manchmal werden wir so verletzt, dass unsere Lichtquelle immer kleiner wird, bis sie schließlich versiegt. Es werden uns im Laufe unseres Lebens oft Wunden zugefügt, die so schlecht ausheilen, dass unser inneres Licht immer schwächer brennt, bis ein Windstoß kommt und das Lichtlein ganz ausbläst. Dabei lassen wir zu, dass unsere Liebe zu anderen Menschen verlöscht, und auch, dass wir die Liebe zu uns selbst verlieren.

Möglicherweise haben Sie im Verlauf der Meditationsübung eine künstliche Lichtquelle in Ihrem Herzensraum vorgefunden. Das würde bedeuten, dass Ihre Herzenskraft versiegt ist, Sie aber – in Erinnerung an Ihre einstige Kraft – versuchen, weiterhin den Menschen Ihrer Umgebung liebevoll zu begegnen. Wenn es jedoch dunkel in Ihrem Herzen war, so spüren Sie selbst, dass Ihnen etwas verloren gegangen ist, eine Kraft, die Sie wärmt und die in Ihnen strahlt.

Wie ist Ihr Herzensraum eingerichtet? Sorgt ein Feuer für Licht und angenehme Wärme?

Fiel nur von außen Licht in Ihr Herz, so sind Sie auf die Liebe anderer Menschen angewiesen, und Sie leben vielleicht in dem ständigen Bemühen, sich diese Liebe zu erhalten. Nicht nur Verletzungen können das Licht unseres Herzens löschen. Dies kann auch passieren, wenn wir unsere Liebe zu uns, so wie wir sind, aufgeben, um den Erwartungen anderer zu entsprechen. Ein Beispiel: Bei Verliebtheit scheint die Liebe des anderen Menschen viel wichtiger zu sein als unsere Liebe zu uns selbst. Wenn sich dieser Mensch dann von uns abwendet, sitzen wir im Dunkeln und haben vergessen, dass wir eine eigene Leuchtkraft besitzen. Vertrauen Sie darauf, dass Sie die Liebe des anderen Menschen genießen können, auch (oder gerade) wenn Sie Ihre Liebe zu sich selbst leben. Solange das eigene Feuer brennt, tragen Sie diese Liebe in sich. Sie müssen sie nicht bei einem anderen Menschen suchen.

Ideal ist es, wenn Ihr Herzensraum sein eigenes Licht hat und wenn er außerdem nach außen hin geöffnet ist; denn dann kann auch Licht von außen einfallen, bis das Herz vor Liebe »überströmt« – ein schönes und beglückendes Gefühl.

Die Herzenskräfte nutzen

Wenn die »Lichtverhältnisse« in Ihrem Herzen Ihnen nicht gefallen haben, so können Sie in Ihren Meditationsübungen in Ruhe alle Varianten durchspielen, bis sie einen Zustand erreicht haben, der Ihnen zusagt.

War Wasser in Ihrem Herzen (feuchte Wände), dann haben Sie eine Verletzung noch nicht verschmerzt. Nutzen Sie Ihre Lichtquelle, um den Raum zu wärmen, damit er trocknet. Sie werden spüren, wie Ihre Tränen versiegen, wie Ihre Wunden heilen.

Haben Sie während der Meditation festgestellt, dass Sie in Ihrem Herzen nicht alleine sind, so überlegen Sie einmal, ob Sie jemanden so sehr in Ihr Herz geschlossen haben, dass er sich darin wie gefangen vorkommt. Entlassen Sie ihn. Damit sprechen Sie dem anderen nicht nur mehr Wert und Eigenständigkeit zu, Sie schützen sich dadurch auch selbst vor unnötigen Verletzungen. Denn wenn der »Gefangene« ausbricht, verletzt er sein Gefängnis, Ihr Herz. Versuchen Sie in einer der nächsten Meditationssitzungen, die Person aus Ihrem Herzen zu entlassen und sie stattdessen durch einen Strahl von Wärme und Liebe mit sich zu verbinden.

Benutzen Sie Ihr Herz, um schöne Gefühle darin einzuschließen und sie festzuhalten? Dadurch bleiben sie nicht besser erhalten. Im Gegenteil! Sie haben dann keine Luft mehr zum Atmen. Öffnen Sie Ihr Herz, teilen Sie Ihre Gefühle mit der Welt! Ihre Liebe wird immer stärker strömen, und Ihr Vertrauen in die Liebe, die Sie geben und nehmen, wird wachsen.

Nehmen Sie diese Vorstellung von der Kraft Ihres Herzens mit in die nächste Meditation, öffnen Sie die »Fenster Ihres Herzens«, damit frische Luft und Sonne hineinkommen. Denken Sie daran: Ihr Herz ist der Wohnort einer essentiellen Lebenskraft. Sie können diese Kraft nach Ihren Wünschen nutzen. Und Sie brauchen sie, um alte Erfahrungen zu verarbeiten, sich und anderen zu vergeben, was geschehen ist.

Körperliche Beschwerden?

Sind während des Fastens bei Ihnen körperliche Beschwerden aufgetaucht? Haben sich alte Krankheiten zurückgemeldet? Auch wenn dies unangenehm ist, so ist es ein Hinweis darauf, dass durch das Fasten Ihre Selbstheilungskräfte aktiviert worden sind. Die nachfolgende Übung gibt Ihnen eine zusätzliche Möglichkeit, die heilenden Kräfte Ihres Körpers einzusetzen. Ist Ihnen dieser Gedanke ungewohnt, weil Sie sich bei Krankheiten stets an einen Arzt wenden und diese Aufgabe an Medikamente übertragen? Auch der beste Arzt kann Sie nur dann erfolgreich behandeln, wenn Ihr Körper mitarbeitet. Denken Sie an eine Wunde: Nachdem sie der Arzt zugenäht hat, muss Ihr Körper dafür sorgen, dass sie heilt. Auch ein perfekt angelegter Gipsverband kann nicht die Aufgabe Ihres Körpers übernehmen, den Knochen oder die Bänder wieder zusammenwachsen zu lassen.

Treten während des Fastens Beschwerden auf, sollten Sie Ihren Körper bei seiner Heilungsarbeit auf natürliche Weise unterstützen.

Meditationsübung: Heilende Aktivitäten

Mithilfe der bildhaften Vorstellung einer Heilungsarbeit wenden Sie sich über Ihr Unterbewusstsein an Ihren Körper und bitten ihn, seine Selbstheilungsarbeit wunderbar zu vollbringen.

Vorbereitung: Machen Sie es sich an Ihrem Ruheplatz bequem und lesen Sie den folgenden Text aufmerksam durch, wie auf Seite 28 beschrieben. Entspannen Sie sich und beginnen Sie mit der Meditationsübung.

Übung

› Gehen Sie wie gewohnt in Ihre innere Landschaft und machen Sie es sich dort erst einmal gemütlich, erfrischen Sie sich an Ihrer Quelle, genießen Sie die Sonne oder was immer Ihnen gerade guttut.

› Dann lassen Sie den Körperteil, der Ihre Zuwendung braucht, in Ihrer Landschaft so groß auftauchen, dass Sie mit Leichtigkeit hineingehen können.

› Treten Sie ein und schauen Sie sich in Ihrem Körperteil um. Wenn er dunkel ist, nehmen Sie eine Laterne mit oder lassen einen Lichtstrahl herein, so dass Sie alles gut erkennen können. Was gefällt Ihnen gut? Wo gibt es Bereiche, denen Veränderung und Hilfe guttäte? Welche Ideen haben Sie? Lassen Sie Ihrer Fantasie freien Lauf, freuen Sie sich über alle Ideen, auch wenn sie Ihnen lustig oder komisch vorkommen. Die nachfolgenden Vorschläge sind nur Anregungen, keine Vorgaben. Probieren Sie Ihre Ideen einfach aus, Sie werden fühlen, ob es Ihnen guttut.

› Beenden Sie die Übung, wie auf Seite 31 beschrieben.

Ideen, die weiterhelfen

Wie hat es Ihnen gefallen, Ihren Körper von innen zu betrachten? Konnten Sie etwas zum Positiven wenden, oder sind Sie ratlos draußen geblieben und haben versucht, von außen etwas an Ihrem Körper zu verändern? Dies ist auch eine Möglichkeit; effektiver ist es jedoch, wenn Sie innerlich etwas in Gang bringen. Manchmal gibt es einen Widerstand vor diesem Schritt, weil dadurch häufig Gefühle ausgelöst werden, die mit den körperlichen Beschwerden in Verbindung stehen. Diesen Gefühlen zu begegnen ist wichtig! Durch die Begegnung können sie sich ändern, ein wichtiger Schritt für die Heilung. Wenn wir außen vor bleiben, berauben wir uns dieser einmaligen Chance. Fehlten Ihnen einfach Ideen, so können Ihnen die folgenden Anregungen eine Hilfe sein.

Wenn Sie sich Ihren Darm betrachtet haben, weil Sie unter Verstopfung leiden, so können Sie ihn in Gedanken mit einem Wasserschlauch durchspülen oder die Darmwände massieren, damit sie aktiver werden. Sollte er entzündet sein, tragen Sie eine kühlende Kräuterpaste auf die entzündeten Stellen auf.

INFO: WARZEN WEGDENKEN

Warzen und Dornwarzen reagieren sehr gut auf eine geistige Behandlung. Manche Menschen brennen, andere schneiden sie in ihrer Vorstellung heraus. Anschließend erfolgt die Wundbehandlung nach Wahl mit Heilkräuterbrei, Heiltinktur oder in einer anderen wohltuenden Form und zum Abschluss das gedankliche Schließen der Wunde. Es wirkt!

Wählten Sie verspannte Muskeln, so probieren Sie einmal, was wärmendes Licht bewirken kann oder massieren Sie die einzelnen Stränge mit einem Massageöl. Sind Ihre Gelenke das Anliegen Ihrer Wahl? Dann könnte Gelatine in den Zwischenräumen die Bewegungen wieder geschmeidig machen.

Lichtstrahlen helfen in jeder Farbe: verwöhnend oder in gebündelter Form als Laserstrahlen, um etwas zu entfernen. Heilkräuterdämpfe sind sehr beliebt. Aber auch ein beruhigendes, tröstendes, versöhnliches oder liebevolles Streicheln kann weiterhelfen. Lassen Sie Ihre Ideen sprudeln! Wenn sich das Ergebnis gut anfühlt, sind Sie auf dem richtigen Weg.

TIPP

Im Fasten kommt es häufiger vor, dass Menschen durch den veränderten Wasserhaushalt schlechter sehen als sonst, was sich anschließend von selbst wieder reguliert. Sind Sehprobleme auch sonst Ihr Thema, können Sie sich der »Integrativen Sehtherapie« zuwenden, die diesen Schwierigkeiten aus ganzheitlicher Sicht erfolgreich begegnet (siehe »Bücher, die weiterhelfen«, Seite 121).

Wiederholen Sie Ihre heilenden Aktivitäten immer wieder, am besten zweimal oder sogar mehrmals am Tag. Es wird Ihnen immer leichter gelingen, und die Technik kann sich dem Bedarf anpassen. Setzen Sie Ihre Aktivitäten fort, bis Sie Linderung verspüren oder es Sie langweilt. Denn dann ist es Zeit, aufzuhören und Ihrem Unterbewusstsein zu vertrauen, dass es die Umsetzung vollbringt; es weiß, was es zu tun hat!

Wenn Ihre Bilder leicht auf Ihre Veränderungsaktivitäten reagieren, nehmen Sie es freudig an. Taucht immer wieder der Ursprungszustand auf, ist dies ein Hinweis auf Widerstände gegen Heilung. Umso wichtiger ist es, das Bild anzunehmen und mit viel Liebe – wie bei einem störrischen oder ängstlichen Kind – dabeizubleiben und es auf immer neue Weise zu versuchen. Mit etwas Ausdauer wird es Ihnen gelingen.

Wie beim Thema Übergewicht lohnt es sich auch bei Krankheiten zu schauen, welchen unbewussten Vorteil die Krankheit mit sich bringt. Machen Sie hierzu die Meditationsübung »Mein Körperbild« (siehe Seite 71), wobei Sie sich in »krank« und »gesund« verdoppeln, um die Unterschiede zu erforschen, Hindernisse aufzulösen und sich das gesunde Selbstbild als Zuhause zu erschaffen.

Möchten Sie länger fasten?

Wenn es Ihre Lebensumstände erlauben, können Sie selbstverständlich länger fasten. Wesentlich dabei ist, dass Sie dann einplanen, dass die Aufbauzeit ebenfalls verlängert werden muss. Die Aufbautage sollten mindestens ein Drittel der gesamten Fastenzeit betragen, denn je länger der Körper ohne feste Nahrung auskommt, desto behutsamer muss er wieder an die Verdauungsarbeit herangeführt werden. Das Umschalten vom Essen zum Fasten geschieht wesentlich schneller als das Umschalten vom Fasten zum Essen.

Die ersten beiden Aufbautage bleiben auch bei verlängertem Fasten identisch. Anschließend erweitern Sie Ihre Kost langsam mit leicht verdaulichen, möglichst vollwertigen Speisen. Vorschläge für den dritten Aufbautag finden Sie in: »Wie neugeboren durch Fasten«, weitere Anregungen in »Richtig essen nach dem Fasten« (siehe »Bücher, die weiterhelfen«, Seite 122). Wenn Sie wollen, ergänzen Sie die Extra-Fastentage mit der nachfolgenden Meditation.

Meditationsübung: Reinigung

Vorbereitung: Machen Sie es sich an Ihrem Ruheplatz bequem und lesen Sie den folgenden Text aufmerksam durch, wie auf Seite 28 beschrieben. Entspannen Sie sich und beginnen Sie mit der Meditationsübung.

Übung

> Gehen Sie an Ihren inneren Erholungsort, genießen Sie Ihr Dasein, und wenn Sie bereit sind, stellen Sie sich vor, dass ein goldener Lichtstrahl aus dem Himmel über Ihren Kopf in Ihren Oberkörper fließt. Das Licht füllt Sie vom Scheitel bis zu den Fingerspitzen und bis etwa zur Magengegend.

> Anschließend lassen Sie über die Füße aus der Erde braunes Licht in den Unterkörper strömen und ihn – wiederum bis etwa zum Magenbereich – damit ausfüllen.

> Wenn Sie das Gefühl haben, dass der ganze Körper erreicht ist, beginnen die Farben ineinanderzufließen, sich zu vermischen und als

Mischfarbe durch den ganzen Körper zu fließen. Wie ein Reinigungsmittel nimmt die Mischfarbe alles in sich auf, was Sie loslassen wollen. Achten Sie darauf, dass alle Körperteile durchgespült werden.

› Wenn Sie das Gefühl haben, dass es genug ist, lassen Sie das Gemisch über die Füße in die Erde abfließen. Schauen Sie genau hin, dass alle Reste Ihren Körper verlassen. Und bedanken Sie sich bei der Erde, dass Sie alles aufnimmt.

› Füllen Sie sich anschließend mit Licht oder Farbe Ihrer Wahl – alternativ mit wohligem Duft oder wunderbaren Klängen.

› Beenden Sie die Übung, wie auf Seite 31 beschrieben.

Die inneren Bilder – was sie bewirken können

Gold vertritt symbolhaft die geistige Kraft, während Braun der im Physischen erlebten Energie entspricht. Gemeinsam wirken sie reinigend. Und während manche Menschen Schwierigkeiten mit der Farbe Gold haben – und der damit verbundenen spirituellen Seite –, macht es anderen Mühe, sich dem Braun, der physischen Komponente, zuzuwenden. Wenn auch Sie mit einer der Farben nicht so leicht zurechtkamen, dann experimentieren Sie und färben Sie ein: Sonnenlicht mit Goldglitzer, Braun mit Beige, Rotbraun oder Metallicbraun.

Hatten Sie Mischprobleme? Strömten die Farben als Marmorierung durch den Körper oder haben sie sich in anderer Form nur teilweise verbunden? Dies weist auf eine Trennung der geistigen von der physischen Seite hin. Wir können unsere geistigen Kräfte auf Erden jedoch nur unterstützend verwenden, wenn sie die irdischen Bereiche durchdringen können! Machen Sie also frohgemut weiter, bis es Ihnen gelingt – es wird bei jedem Mal leichter.

Beim Abfließen zeigt sich die Fähigkeit, loszulassen. Wenn Reste im Körper bleiben, ist das ein Hinweis, dass Sie Altes festhalten. Loslassen fällt vor allem dann schwer, wenn wir nicht glauben können, dass etwas Besseres nachkommt. Und so hilfreich das Loslassen ist, so wesentlich ist es, sich anschließend zu füllen mit Farben, Gerüchen oder Klängen – um danach gestärkt in den Alltag zurückzukehren.

DIE AUFBAUTAGE

Freuen Sie sich auf das Essen mit neuem Bewusstsein! Und lassen Sie sich überraschen, wie intensiv auch einfache Lebensmittel nach dieser Pause schmecken!

Der erste Aufbautag 96
Der zweite Aufbautag 106
Die Nachfastenzeit – den Alltag bereichern 112

Der erste Aufbautag

Heute dürfen Sie einkaufen! Aber kaufen Sie nur das, was angegeben ist und Ihnen guttut, um in Einklang mit Ihrem Körper zu essen, der sich jetzt nicht nach Ihrer alten Lieblingsspeise sehnt, sondern nach leichter Kost, wie sie Ihnen in der Einkaufsliste für die Aufbautage auf der rechten Seite zusammengestellt ist.

Was Sie heute tun sollten, um den Tag im Sinne einer richtig durchgeführten Fastenwoche zu gestalten, finden Sie auf Seite 42 im Fahrplan durch die Fastenwoche.

Der erste Aufbautag

EINKAUFSLISTE FÜR DIE AUFBAUTAGE

Die hier aufgeführten Lebensmittel sollten Sie frühestens am letzten Fastentag oder aber am Vormittag des ersten Aufbautages einkaufen. Dann ist alles frisch und das Einkaufen erhöht die Vorfreude aufs Fastenbrechen.

Das brauchen Sie:
- 3 EL fein geschroteter Weizen,
- ca. 3 TL Leinsamen (bei Bedarf auch mehr),
- 500 g gut reife (ungespritzte) Äpfel,
- je 250 g Kartoffeln, Karotten und Tomaten,
- 1 Stange Lauch,
- 1 Knolle Sellerie,
- 1 Zwiebel,
- 1 Kopf Blattsalat,
- frische Kräuter (Majoran, Petersilie, Schnittlauch),
- 250 g Backpflaumen oder ein Kranz Feigen,
- Butter,
- 200 g Frischkäse,
- 200 g 20 %iger Quark oder Hüttenkäse,
- 2 Becher Joghurt/Bioghurt à 150 g,
- 1 Paket Knäcke-, Vollkorn- oder Leinsamenbrot,
- 1 Flasche (0,5 l) Molke oder Sauerkrautsaft (bei Bedarf),
- Buttermilch,
- saure Sahne,
- Gewürze (Muskatnuss, Majoran, Pfeffer, Kümmel, Zitronenmelisse, Liebstöckel),
- gekörnte Gemüsebrühe,
- Zitronen,
- Obstessig, Pflanzenöl, Meersalz, Tomatenmark, Sanddornsaft, Honig.

Essensplan für den ersten Aufbautag

Morgens: Tee wie gewohnt.
Vormittags Fastenbrechen: 1 gut reifer oder 1 gedünsteter Apfel (gut einspeicheln!).
Mittags: Kartoffel-Gemüse-Suppe

Kartoffel-Gemüse-Suppe

Für 1 Portion 1 kleine Kartoffel | 1 Stück Karotte | 1 Stück Lauch | 1 Stück Sellerie | je 1 Prise gemahlene Muskatnuss und Majoran | ½ TL Hefeflocken | gekörnte Gemüsebrühe | Petersilie

1 Eine kleine geschälte Kartoffel und je ein gut gewaschenes Stück Karotte, Lauch und Sellerie klein geschnitten in ¼ Liter heißes Wasser geben und alles zugedeckt 15 Minuten lang gar kochen.

WICHTIG
Bitte beachten: Für das Frühstück am zweiten Aufbautag abends 2 Backpflaumen oder 1 Feige in ½ Tasse Wasser einweichen und über Nacht stehen lassen.

2 Anschließend mit je 1 Prise gemahlener Muskatnuss und Majoran, ½ TL Hefeflocken und bei Bedarf mit gekörnter Gemüsebrühe abschmecken.
3 Zum Schluss 1 TL gehackte Petersilie darüberstreuen.

Nachmittags: Früchtetee oder Kräutertee (weiter reichlich trinken).
Abends: etwa 200 g Buttermilch mit 1 TL Leinsamen, 1 Scheibe Knäckebrot und Tomatensuppe.

Tomatensuppe
Für 1 Portion 250 g reife Tomaten | ½ Zwiebel | 1 TL Öl | 1 TL gekörnte Gemüsebrühe | 1 Prise Meersalz | ½ TL Hefeflocken | 1 TL Tomatenmark | Petersilie oder Schnittlauch

1 250 g reife Tomaten und ½ Zwiebel putzen und klein geschnitten in einen kleinen Topf geben, in dem Sie 1 TL Öl erhitzt haben.
2 Das Gemüse zehn Minuten lang dünsten, anschließend durch ein Sieb streichen.
3 ¼ l Wasser zum Kochen bringen, 1 TL gekörnte Gemüsebrühe, das Tomatenmus, 1 Prise Meersalz, ½ TL Hefeflocken und 1 TL Tomatenmark hinzufügen.
4 Zum Schluss frisch gehackte Petersilie oder Schnittlauch über die fertige Suppe streuen.

Finden Sie neue Maßstäbe im Essen

Nach den Fastentagen ist der Körper nicht auf ein Drei-Gänge-Menü eingestellt. Er braucht einfache, natürliche Nahrung – und wenig! Wenn Sie auf die Signale Ihres Körpers hören, werden Sie jetzt im Essen ein neues Maß finden: Gönnen Sie sich, insbesondere an den Aufbautagen, zum Essen viel Zeit. Nehmen Sie die Nahrung und Ihr Körperempfinden während des Essens ganz bewusst wahr.

Der Körper stellt sich um
Der Körper hat während des Fastens die Produktion der Verdauungssäfte nahezu eingestellt. Jetzt muss er sie erst nach und nach

wieder aufnehmen. Zu schwere und zu viel Nahrung bleibt lange unverdaut in Magen oder Darm liegen und belastet dadurch den Kreislauf. Selbst wenn Sie die Aufbautage korrekt nach den Anweisungen dieses Buches ausführen, kann es sein, dass Sie die Umstellung als kurz andauernden Energiemangel spüren, denn der Körper benötigt nun wieder ein Drittel der Kreislaufarbeit allein für die Verdauung. Sollten Sie sich in den kommenden zwei, drei Tagen matt fühlen, legen Sie sich hin; dann kann das Blut leichter durch den Körper zirkulieren.

Auch der Wasserhaushalt Ihres Organismus muss sich erst wieder einpendeln. Im Fasten konnte der Körper viel Flüssigkeit ausscheiden, ab heute hält er für die Verdauungssäfte und zur Befeuchtung der Schleimhäute etwa einen Liter Wasser zurück. Bedenken Sie dies beim Blick auf die Waage!

Die erste spontane Darmentleerung wird in der Regel am zweiten Aufbautag erfolgen. Wenn Sie vor dem Fasten regelmäßig Abführmittel eingenommen haben, dann seien Sie geduldig: Ihr Darm muss erst wieder lernen, seine Aufgabe selbstständig zu erfüllen. Sollte am dritten Tag noch keine Darmentleerung erfolgt sein, dann machen Sie einen Einlauf mit einem Liter Wasser. Wenn Blähungen auftreten, sollten Sie noch langsamer essen und noch intensiver kauen als bisher. Außerdem können Sie sich mit einer Leberpackung oder einer Prießnitz-Leibauflage (Anleitungen für Anwendungen siehe Seite 120) helfen. Auch Fenchel-, Kümmel- oder »Vierwindetee« aus der Apotheke (3 Tassen täglich) hilft.

DREI REGELN FÜRS ESSEN NACH DEM FASTEN

> Kauen Sie gründlich, jeden Bissen etwa 35-mal, um dem Darm die Verdauungsarbeit zu erleichtern.
> Achten Sie darauf, wann Sie satt sind!
> Sie müssen die vorgegebenen Mahlzeiten nicht aufessen. Richten Sie sich nach den Signalen Ihres Körpers.

TIPP: Den Darm unterstützen
Streuen Sie bei jeder Mahlzeit zwei Teelöffel Leinsamen über das Essen und trinken Sie viel. Sie können den Leinsamen auch pur essen.

Fastenbrechen – ein Ereignis

Die erste Mahlzeit, die Sie nach dem Fasten zu sich nehmen, ist ein Ereignis – freuen Sie sich darauf! Wählen Sie den Apfel, den Sie essen werden, mit Bedacht aus und nehmen Sie sich Zeit, ihn von allen Seiten zu betrachten. Sie können ihn roh essen oder in wenig Wasser dünsten und als warme Mahlzeit genießen. Essen Sie dann ganz in Ruhe so viel Sie mögen: Sie werden erstaunt sein, wie schnell Sie satt sind. Vielleicht schaffen Sie Ihren Apfel gar nicht auf einmal!

Kosten Sie jeden Bissen aufmerksam und genussvoll. Möglicherweise sind Sie überrascht, wie viel Geschmack in einem Apfel steckt und wie viel Kraft und Freude er Ihnen zu geben vermag. Wenn Sie den Apfel gedünstet haben, spüren Sie, wie sich die Wärme langsam in Ihrem Magen ausbreitet und wie angenehm dieses Gefühl ist. Legen Sie sich nach dieser ersten Mahlzeit ruhig eine Weile hin und genießen Sie Ihren wohl gefüllten Bauch.

Über die Kraft der Gedanken

In den vergangenen Tagen haben Sie sich intensiv mit Ihren Gefühlen und Gewohnheiten beschäftigt. Heute beginnt nun wieder

---

GU-ERFOLGSTIPP

Haben Sie schon länger Verdauungsschwierigkeiten? Dann nutzen Sie diese Gelegenheit einer »Arbeitspause«, um jetzt neue Wege zu beschreiten.

Und so aktivieren Sie die Verdauung:
- Trinken Sie morgens ein Glas Wasser oder – wenn Sie eine stärkere Aktivierung brauchen – $1/8$ l Sauerkrautsaft, Molke oder Buttermilch.
- Essen Sie zum Frühstück zwei Backpflaumen oder eine Feige (am Vorabend in $1/2$ Tasse Wasser eingeweicht).
- Bevorzugen Sie ballaststoffreiche Nahrung mit Vollkornprodukten, Frischkost und Gemüse, die Sie intensiv kauen.

der Kontakt mit dem Essen. Für manche heißt das sicher, dass auch die Gedanken wieder ums Essen und um die Nahrung kreisen. In den Meditationsübungen haben Sie die Kraft Ihrer Gedanken gespürt und erlebt, wie Ihre Vorstellungswelt Ihr Seelenleben, aber auch Ihren Körper beeinflusst. Nutzen Sie diese Energien für einen besseren Umgang mit dem Essen!

»Der Glaube kann Berge versetzen«

Dass Gedanken und innere Vorstellungen die Realität zu beeinflussen vermögen, ist kein Ammenmärchen. Denken Sie einmal an Familien, in denen die Eltern ständig ängstlich um die Gesundheit ihrer Kinder besorgt sind: Häufig sind gerade diese Kinder krank oder fallen häufig so hin, dass sie sich dabei verletzen. Dies scheint die Angst der Eltern zu rechtfertigen, die ihre Kinder nun mit wachsender Besorgnis behüten und beschützen: Die Angst schafft innere Bilder, die eine Eigendynamik entwickeln. Diesen Mechanismus der »sich selbst erfüllenden Prophezeiung« nimmt das Kind mit in sein Erwachsenendasein.

Gehen Sie einmal in Ihrer Erinnerung die Verhaltensweisen in Ihrem Elternhaus durch. Gab es Gewohnheiten, die bei Ihnen

SENSIBLER AUF ALLEN EBENEN

Beachten Sie bitte: Durch das Fasten sind Sie nicht nur in Ihren Gefühlen, sondern auch in Ihrem Geschmacksempfinden sensibilisiert – Sie benötigen weniger Salz oder Gewürze als gewohnt.

> - Streuen Sie 2 Esslöffel Leinsamen oder Weizenkleie übers Essen.
> - Trinken Sie 1,5–2 l Wasser pro Tag.
> - Achten Sie auf regelmäßige Bewegung an der frischen Luft.
> - Das seelische Loslassen von alten Gefühlen wirkt sich bei vielen Menschen förderlich auf die Verdauung aus. Mit der Übung »Heilende Aktivitäten« vom 5. Fastentag (Seite 89) können Sie Ihren Darm zusätzlich visuell mobilisieren.
> - Unterstützend helfen Schüßler-Salze (siehe Seite 72). Nehmen Sie bei chronischer Darmträgheit die Nr. 5 Kalium phosphoricum D6: 3 x täglich 2 Tabletten (nacheinander) im Mund zergehen lassen, bis sie aufgelöst sind.

eine verkrampfte oder ängstliche Einstellung dem Essen gegenüber geschaffen haben? Wie haben Ihre Eltern (oder andere Ihnen wichtige Menschen) über Nahrung gedacht? Haben Ihre Mutter oder Ihr Vater Angst gehabt, dick zu werden? Haben sie deshalb Diäten gemacht oder auf Kuchen verzichtet? Wurden bestimmte Speisen nicht angeboten, weil sie »krank« machen? Wurden Lebensmittel als schädlich verteufelt oder wurden Sie gezwungen, bestimmte Speisen zu essen, die Sie gar nicht mochten – aus Prinzip oder weil sie besonders gesund sind?

Überprüfen Sie einmal, wie viel Sie selbst davon übernommen haben. Schreiben Sie alles auf, was Ihnen dazu einfällt.

Meditationsübung: Jedes Nahrungsmittel – ein Lebens-Mittel

Vorbereitung: Machen Sie es sich an Ihrem Ruheplatz bequem und lesen Sie den folgenden Text aufmerksam durch, wie auf Seite 28 beschrieben. Entspannen Sie sich und beginnen Sie mit der Meditationsübung.

Übung

› Denken Sie an das Lebensmittel oder das Essen, das Ihnen besonders »schädlich« oder »dick machend« zu sein scheint. Stellen Sie es sich genau vor und lassen Sie es auf sich wirken. Versuchen Sie, die Einstellung zuzulassen, dass es in Wirklichkeit Ihren Körper stärkt und Ihnen Kraft gibt. Stellen Sie sich in diesem Gedanken- und Bilderspiel alle Lebensmittel vor, die für Sie wesentlich sind, und begegnen Sie diesen in neuer, freundlicher, für Sie hilfreicher Weise.

› Beenden Sie die Übung, wie auf Seite 31 beschrieben.

› Wiederholen Sie diese Übung immer wieder, bis Sie das Gefühl haben, dass Sie den Lebensmitteln mit großer Wertschätzung begegnen.

Die inneren Bilder – was sie bewirken können

Je häufiger Sie Ihrer Nahrung positiv begegnen, desto positiver wird sich das, was Sie essen, auf Ihre Gesundheit, Ihren Körper und Ihre Figur auswirken.

Vollwertkost: die »gute« Nahrung

Machen Sie nach dem Fasten einen Versuch, Ihre Nahrung natürlicher und gesünder im Sinne der Vollwertkost zu gestalten. Sie wird Ihr Wohlbefinden fördern und Sie in ausreichendem Maß mit Nährstoffen, Vitaminen, Mineralien, Spurenelementen und Vitalstoffen versorgen. Sie wissen dann genau, dass Sie »gute« Nahrung zu sich nehmen, und es fällt Ihnen leichter, gelassen sogenannte »schlechte« Lebensmittel links liegen zu lassen. Einen Vorschlag zur Umstellung der Essgewohnheiten nach dem Fasten finden Sie im GU Ratgeber »Richtig essen nach dem Fasten« (siehe »Bücher, die weiterhelfen«, Seite 121).

Essen im Einklang mit sich selbst

»Und was ist mit meinen Lieblingsspeisen?«, werden Sie vielleicht fragen. Dabei fallen Ihnen wahrscheinlich Spaghetti, Schweinebraten mit Knödeln, köstliche Urlaubsspeisen oder Kuchen ein. Aber gleichzeitig meldet sich vermutlich auch das schlechte Gewissen, das darauf hinweist, dass dieses Essen nicht gesund ist oder sogar dick macht. Und schon sind sie wieder da, die Zwänge, die Sie mit dem Essen verbinden, das »Wenn und Aber« und das schlechte Gewissen, das zu essen, was Sie gerne essen, und es zu genießen.

Doch wenn Sie wirklich schlank und gesünder werden und bleiben wollen, ist es wichtig, dass Sie sich Folgendes bewusst machen: Wie Sie im Fasten erlebt haben, können Sie sich selbst vertrauen. Ihr Körper und Ihre Seele wissen genau, was Sie gesund und lebenstüchtig erhält. Vertrauen Sie darauf, dass Sie von ihnen Signale bekommen, die Ihnen mitteilen, welche »Lebens-Mittel« Sie jetzt brauchen. Es ist ganz einfach, diese Signale aufzufangen. Fragen Sie sich vor jedem Essen: »Welches Essen ist jetzt genau richtig für mich?« Warten Sie, bis Sie klar vor Augen haben, was es sein soll, genießen Sie das Essen und Sie werden erstaunt sein, wofür Sie sich entscheiden und wie rasch Sie angenehm satt sind! Es ist in Ordnung, wenn dabei neben gesunden Lebensmitteln auch nicht so »vollkommene« Nahrung dabei ist. Das ausgewogene Maß zu finden ist Ihr Ziel.

MACHEN SIE EIN EXPERIMENT!
Was geschieht, …
> … wenn Sie Nahrungsmittel, von denen Sie in Zukunft weniger essen wollen, in Ihrer Vorstellung grau werden lassen?
> … wenn Sie Sehnsuchtsbilder von Essen, das Sie reduzieren wollen, in einem kleinen Fernseher weit weg in das Eck eines Raumes stellen und dafür
> Nahrungsmittel, die Sie verstärkt essen wollen, auf einer großen Leinwand in den Vordergrund rücken lassen, wie einen guten, gefühlvollen Werbespot, der Sie anspricht?

Experimentieren Sie mit den Bildern, das unterstützt Sie darin, Ihre Essgewohnheiten umzustellen.

»Gesegnete Mahlzeit«

Doch nicht nur das, was Sie essen, sondern auch die Art, wie Sie essen, ist von großer Bedeutung. Wesentlich ist, dass Sie sich zum Essen Zeit nehmen, dass Sie Ihre Gedanken sammeln und aufs Essen richten. Denken Sie nicht an geschäftliche Probleme, grübeln Sie nicht über Ihre Sorgen nach, während Sie essen.

Wenn Sie mit anderen Menschen am Tisch sitzen, die deprimiert sind, oder wenn die Stimmung angespannt ist, sollten Sie so wenig wie möglich essen, denn Sie nehmen die Stimmung mit dem Essen in sich auf: Essen Sie lieber später allein und in guter Stimmung noch eine Kleinigkeit.

Früher war es üblich, vor dem Essen zu beten und die Speisen zu segnen. Die Gedanken wurden dabei auf die Situation bei Tisch und auf die Mahlzeit gerichtet. Mit dem Segnen der Speisen brachte man ihnen Achtung entgegen – natürlich nur, wenn das Gebet kein automatisches Aufsagen irgendwelcher Wörter war, sondern ein bewusstes Geschehen. Wenn Sie beten können, kann dieses bewusste Tun alles, was Sie essen, verbessern, zum Segen werden lassen. Wenn Sie das Gebet ablehnen, können Sie, am Tisch sitzend, mit geschlossenen oder offenen Augen Ihren inneren »Erholungsort« aufsuchen oder sich anders entspannen und die Vorstellung

GU-ERFOLGSTIPP

Sie glauben nicht, dass Gedanken verändernde Kraft auf die Nahrung haben können? Der Japaner Masaru Emoto (geboren 1943) hat Wasser tropfenweise eingefroren und dann unter dem Mikroskop von den Eiskristallen Fotos gemacht. Es ist wunderbar zu sehen, welchen Einfluss Gefühle, Musik und Worte darauf haben. Denn vor dem Einfrieren beeinflusste er das destillierte Wasser, indem er es mit Musik beschallte, mit auf Papier geschriebenen Worten oder mit Gefühlen in Kontakt brachte. Die Versuche beweisen, dass Wasser die Schwingung aufnimmt. Machen Sie doch einfach ein Experiment: Füllen Sie Ihr Wasser bevor Sie es trinken, in Ihren Gedanken mit Licht oder guten Vorstellungen. Sie können nur gewinnen.

ZUNEHMEN? – ABNEHMEN?

Für eine Gewichtsreduktion wird häufig das Wort »abnehmen« verwendet. Gehören Sie zu den Menschen, die mehr essen, sobald sie ans Abnehmen denken? Dann sind Sie sicherlich in Ihrem ganzen Wesen darum bemüht, sich zu entfalten, Ihr Leben schöner zu gestalten, sich auszudehnen. Mit dem Wort »abnehmen« assoziiert Ihr Unterbewusstsein Einschränkung und Reduktion Ihrer selbst. Bedenken Sie diese Ihnen wahrscheinlich bisher unbewusste Reaktion Ihres Wesens und streichen Sie das Wort »abnehmen« künftig aus Ihrem Vokabular. Wenn Sie für sich Gewichtsreduktion als »Verbesserung«, »Verschönerung«, »Bereicherung« oder »Entfaltung« denken, wird es Ihnen leichter fallen, Ihre Wunschfigur zu erreichen. Berücksichtigen Sie diesen Wesenszug auch in Ihrem Erscheinungsbild: Sie wollen Raum einnehmen und an Kraft und Lebensfreude zu-, nicht abnehmen.

zulassen, dass ein Lichtstrahl auf Ihr Essen fällt und es mit positiver Energie füllt. Manch einem gefällt es, die Hände über das Essen zu heben und sich dabei vorzustellen, dass Wärme oder Licht von den Händen aufs Essen hinabstrahlt. Das kann ganz unauffällig geschehen, indem Sie die Ellenbogen auf der Tischkante aufstellen und die Hände übereinanderlegen mit der Handfläche nach unten, wie man es häufig macht, wenn man nachdenkt. Gerade in der Zeit des Fastenbrechens können Sie so üben, Ihre Nahrung mit Licht zu füllen und das Essen mit Freude zu genießen.

Körper, Seele und Geist ernähren

Wie Sie bereits in den Bildern erlebt haben, ernähren wir uns nicht nur von Lebensmitteln, die den Körper sättigen. Auch Seele und Geist brauchen Nahrung, und zwar so ausgewogen wie möglich. Wer übergewichtig ist, kümmert sich im Übermaß um die körperliche Seite. Wer sich ausschließlich geistig betätigt und dabei seine Gefühle und die körperliche Bewegung vernachlässigt, kümmert sich ebenfalls zu einseitig nur um die geistige Nahrung. Überprüfen Sie, ob Sie sich ausgewogen ernähren und Körper, Seele und Geist gleichermaßen berücksichtigen oder ob Sie einem Bereich künftig mehr Nahrung geben sollten.

Der zweite Aufbautag

Heute ist der letzte Tag Ihrer Fastenwoche. Ab morgen werden Sie vermutlich weniger Gelegenheit haben, sich so intensiv damit zu beschäftigen, wie es Ihnen geht. Nutzen Sie deshalb den heutigen Tag noch einmal ganz für sich, um neue Kraft zu sammeln, bevor Sie gestärkt in den Alltag zurückkehren. Was Sie heute tun sollten, um den Tag im Sinne einer richtig durchgeführten Fastenwoche zu gestalten, finden Sie auf Seite 43 im Fahrplan durch die Fastenwoche.

Speisepläne für den zweiten Aufbautag

Nach dem Aufstehen: 1 Glas Sauerkrautsaft (mit Wasser verdünnt) oder Trink-Molke (keine »Kur-Molke«).
Morgens: Die eingeweichten Backpflaumen (oder die Feige) und eine Weizenschrotsuppe.

Weizenschrotsuppe

Für 1 Portion 2 EL fein geschroteter Weizen | 1 Prise Meersalz | 1 EL gehackte Kräuter

1 2 EL fein geschroteten Weizen in einem kleinen Kochtopf leicht anwärmen, ¼ l Wasser dazugießen, alles einmal aufkochen und danach bei schwacher Hitze zehn Minuten lang ausquellen lassen.
2 Die Suppe mit 1 Prise Meersalz und 1 EL gehackten Kräutern würzen. Sie können statt der Weizenschrotsuppe auch zwei Scheiben Knäckebrot mit 50 g Kräuterquark essen.

Vormittags: Weiterhin viel trinken!
Mittags: Blattsalat mit Pellkartoffeln und Möhrengemüse.

Blattsalat

Für 1 Portion ½ Kopf Salat | 1 Prise Meersalz | 1 Prise Pfeffer | 1 TL Schnittlauch | ½ TL Obstessig oder Zitronensaft | 1 TL Pflanzenöl

1 Salat waschen und gut abtropfen lassen.
2 Aus je 1 Prise Meersalz und Pfeffer, 1 TL Schnittlauchröllchen, ½ TL Obstessig oder Zitronensaft und 1 TL Pflanzenöl eine Marinade bereiten und über den Salat gießen.

Pellkartoffeln

Für 1 Portion 3 kleine Kartoffeln, etwas Kümmel

1 Drei kleine, ungeschälte, gründlich gewaschene Kartoffeln in ungefähr 25 Minuten gar kochen, dem Kochwasser etwas Kümmel zugeben.
2 Die Kartoffeln heiß pellen.

Möhrengemüse

Für 1 Portion 100 g Karotten | 1 Prise Meersalz | 1 Prise Muskatnuss | 1 TL Pflanzenöl | 1 TL frisch gehackte Petersilie

1 100 g gewaschene, klein geschnittene Karotten in 3 EL Wasser zehn Minuten lang garen.
2 Mit je einer Prise Meersalz und Muskatnuss würzen.
3 1 TL Pflanzenöl hinzufügen, damit die Vitamine vom Körper aufgenommen werden können.
4 Das fertige Gemüse mit 1 TL frisch gehackter Petersilie bestreuen.
5 Zum Nachtisch gibt es 1 Becher Biojoghurt, den Sie mit 1 gehäuften TL Leinsamen und 1 TL Sanddornsaft (mit Honig gesüßt) vermengen.

Nachmittags: Viel trinken!
Abends: Karottenrohkost und eine Getreide-Gemüse-Suppe.

Karottenrohkost

Für 1 Portion 100 g Karotten | ¼ Apfel | 2 EL saure Sahne | 1 Zitrone | etwas Zitronenmelisse | 1 Salatblatt

1 100 g Karotten und 1/4 Apfel waschen, fein raspeln und mit 2 EL saurer Sahne und 1 bis 2 TL Zitronensaft vermengen.
2 Etwas gehackte Zitronenmelisse hinzufügen und das Ganze auf einem gewaschenen Salatblatt anrichten.

Bereiten Sie Ihre Mahlzeiten an den Aufbautagen besonders liebevoll zu. Das Auge isst mit!

Getreide-Gemüse-Suppe

Für 1 Portion ½ Zwiebel | 1 TL Pflanzenöl | 1 EL fein geschroteter Weizen | ¼ l Gemüsebrühe | 1 Prise Meersalz | Liebstöckel | ca. 50 g Sellerie | 1 TL gehackte Petersilie

1 ½ fein gehackte Zwiebel in 1 TL Pflanzenöl leicht anbräunen.
2 1 EL fein geschroteten Weizen hinzufügen und ebenfalls leicht anbräunen.
3 Mit ¼ l Gemüsebrühe oder Wasser ablöschen, das Ganze kurz aufkochen und anschließend zehn Minuten bei schwacher Hitze ausquellen lassen.

4 Mit je 1 Prise Meersalz und getrocknetem Liebstöckel abschmecken, 50 g geriebene Sellerieknolle unterheben und das fertige Gericht mit 1 TL gehackter Petersilie bestreuen.
Zum Nachtisch gibt es 3 EL Dickmilch, mit je einem TL Leinsamen und Sanddornsaft vermischt, dazu 1 Scheibe Knäckebrot.

Ihr Körper – eine Last?

Wenn Sie sich auch heute noch leicht und beschwingt fühlen, dann freuen Sie sich über Ihre gesteigerte Lebensfreude und den Zugewinn an Lebenskraft. Am zweiten Tag nach dem Fasten kann es nämlich auch sein, dass Sie Ihren Körper bereits wieder als eine Last empfinden. Diese Reaktion ist völlig normal, denn im Fasten verliert die körperliche Wahrnehmung häufig an Gewicht, und die Aufmerksamkeit des Fastenden wendet sich verstärkt dem seelisch-geistigen Erleben zu.

Lassen Sie sich Zeit, um sich wieder an Ihr Körpergefühl zu gewöhnen, denn im Fasten sind Sie leichter geworden, und die »Last« ist sicher nicht mehr so drückend wie zuvor. Freuen Sie sich darüber. Und nehmen Sie die folgende Meditation als Hilfe, noch ein wenig leichter und strahlender zu werden.

Meditationsübung: Strahlen Sie!

Mit Hilfe der Meditationsübungen konnten Sie in den letzten Tagen viel »Ballast abwerfen« – ein Grund, froh zu sein und zu »strahlen«. In der folgenden Meditationsübung nehmen Sie mit dem Licht in Ihrem Inneren Kontakt auf, einem Licht, das Sie in sich selbst tragen und das aus Ihnen herausstrahlen kann.

Etwas oberhalb des Bauchnabels liegt das Sonnengeflecht (Solarplexus), das seelische Energiezentrum des Körpers. Legen Sie während der folgenden Übung eine Hand auf diesen Bereich, die Wärme der Hand hilft Ihnen, sich die Wärme und das Licht der Energiequelle vorzustellen.

Vorbereitung: Machen Sie es sich an Ihrem Ruheplatz bequem und lesen Sie den folgenden Text aufmerksam durch, wie auf Seite 28 beschrieben. Entspannen Sie sich und beginnen Sie mit der Meditationsübung.

Übung

> Konzentrieren Sie sich auf Ihr Sonnengeflecht. Stellen Sie sich vor, dass dort eine Sonne scheint, die immer stärker strahlt.

> Stellen Sie sich vor, wie diese Sonne ihre Strahlen bis in Ihre Zehen schickt, und fühlen Sie, wie Ihr ganzer Unterleib dabei erwärmt wird. Nun wandert das Licht in den Oberkörper, bis in die Fingerspitzen und schließlich in Ihren ganzen Kopf. Wenn Sie wollen, so lassen Sie »Ihre Sonne« über den Körper hinausstrahlen.

> Wenn Ihnen die Vorstellung gefällt, hüllen Sie sich mit dem Licht schützend ein, bevor Sie dann die Lichtstrahlen Schritt für Schritt zurücknehmen, bis die Sonne wieder im Sonnengeflecht ist.

> Beenden Sie die Übung, wie auf Seite 31 beschrieben.

Selbstheilungskräfte stärken

Diese Meditation stärkt die Selbstheilungskräfte der Seele und des Körpers. Oft sind kranke oder abgelehnte Körperteile nicht gleich »lichtdurchlässig«. Von Mal zu Mal wird mehr Licht durch Ihren Körper fließen, das Wohlbefinden wird sich steigern.
Diese Übung können Sie in veränderter Form wiederholen: mit der Sonne im Herzen.

Meditationsübung: Farben wählen

Hat Ihnen die Lichtmeditation gefallen? Dann bringen Sie mehr »Farbe« in Ihr Leben, denn jeder weiße Lichtstrahl besteht aus den Farben des Regenbogens. Und Licht ist Energie. Nutzen Sie sie!
Vorbereitung: Machen Sie es sich an Ihrem Ruheplatz bequem und lesen Sie den folgenden Text aufmerksam durch, wie auf Seite 28 beschrieben. Entspannen Sie sich und beginnen Sie mit der Meditationsübung.

Übung

> Ziehen Sie sich an Ihren Erholungsort zurück, machen Sie dort einen kleinen Spaziergang.

› Stellen Sie sich vor, dass ein Farbstrahl vom Himmel auf Sie hinabfließt. Lassen Sie die Farbe, die spontan erscheint, Ihren Körper vom Scheitel bis zu den Füßen anfüllen und umhüllen – so lange, bis Sie das Gefühl haben, dass es Ihnen genügt.
› Wenn Sie möchten, können Sie einzelnen Körperteilen oder Organen eine eigene Farbe geben.
› Beenden Sie die Übung, wie auf Seite 31 beschrieben.

Die inneren Bilder – was sie bewirken können

Je nach Lebenssituation haben Sie Ihre Farbe gewählt. Die Farbe Rosa symbolisiert die reine Liebe, sie gibt uns Kraft, seelische Verletzungen mit Liebe zu überwinden. Grün hat eine heilende Wirkung. Und die meisten kennen das herrliche Gefühl, das frisches Lindgrün verbreitet, wenn im Frühling draußen wieder alles sprießt. Blau stärkt unsere Seelenkräfte und gibt uns Ruhe. Orange schenkt uns Vitalität und kann den Verdauungsapparat gut aktivieren. Gelb belebt unseren Verstand, und Rot signalisiert Lebenskraft. Nehmen Sie stets die Farbe, die spontan vor Ihrem inneren Auge erscheint. Vertrauen Sie Ihrer Seele, sie weiß sehr genau, welche Kraft Sie gerade am nötigsten brauchen!

Bringen Sie Farbe in Ihr Leben!

Haben Sie gespürt, wie wohltuend die Farbe für Sie war? Dann nutzen Sie die Kraft der Farben auch in Ihrem Alltag! Grau und Schwarz sind heute sehr in Mode, im Beruf erwünscht oder als »schlank machend« beliebt. Doch die Wirkung dieser »Nicht-Farben« ist für unsere Gefühle nicht sehr förderlich. Nicht umsonst ist Schwarz bei uns die Kleidungsfarbe Trauernder. Um jedoch mit unseren Gefühlen am Leben teilzunehmen, ist Farbe gefragt. Stimmen Sie sich einmal auf die farbenfreudige Kleidung anderer Kulturen (wie beispielsweise Afrika, Mexiko oder Indien) ein und fühlen Sie, wie belebend dies wirkt. Probieren Sie dann mit Ihrer Freizeitkleidung bei sich selbst aus, welche Farbe Sie bei Ihrem derzeitigen Seelenprozess als unterstützend empfinden.

TIPP

Lust auf Farbe bekommen? Dann empfehle ich Ihnen Literatur, die die Farbkraft über die hier erprobte Weise hinaus in vielfältiger Form einsetzt, um die heilende Kraft der Farbe zu nutzen (siehe »Bücher, die weiterhelfen«, Seite 121).

Die Nachfastenzeit – den Alltag bereichern

Sie sind nun am Ende Ihrer Fastenwoche angekommen, und der Alltag steht vor der Tür. Sie sind von »Altlasten« befreit und um viele neue Erfahrungen reicher. Ihre Beziehung zur Nahrung hat sich gewandelt, und Ihr Geschmacksempfinden ist feiner geworden. Das natürliche Gefühl von Hunger und Sättigung ist zurückgekehrt. Sie spüren, welche Nahrung Ihnen und Ihrem Körper wohl tut. Nun möchte Ihr verbessertes Körpergefühl auch gepflegt werden. Deshalb: Nutzen Sie diese Erkenntnisse und Erfahrungen in Ihrem Alltag! Schenken Sie sich und Ihrem Körper eine natürliche und vollwertige Ernährung, wenden Sie das wiedergewonnene intuitive Wissen darüber an, welche Lebensmittel Sie ab jetzt zu sich nehmen wollen, durchfluten Sie Ihre Nahrung mit Licht!

In der Fastenwoche haben Sie mit den meditativen Übungen einen Weg kennen gelernt, sich nach innen zu wenden, Ihrer Seele die nötige Aufmerksamkeit und Wertschätzung zu schenken und mit Ihren geistigen Kräften Kontakt aufzunehmen. Durch diesen Kontakt haben Sie Ihren Umgang mit sich und dem Leben erweitert, was auch Ihren Alltag bereichern wird. Nutzen Sie die Möglichkeit, täglich wenigstens für kurze Zeit Ihre innere Landschaft aufzusuchen und sich bei auftauchenden Schwierigkeiten bei Ihrer Seele Kraft und Rat zu holen. So entsteht für Sie im Wirbelsturm des Lebens ein Zentrum, das Ihnen Ruhe schenkt. Und wenn Sie es zulassen, erscheinen ganz eigene Bilder, die Sie begleiten, denn die vorgegebenen Meditationen sind letztendlich ein Einstieg in die bildhaften Innenräume, die sich weiterentwickeln, wenn Sie regelmäßig nach innen gehen.

Glaubensüberzeugungen

Vielleicht haben Sie entdeckt, dass viele alte Glaubensüberzeugungen über Sie selbst und Ihr Leben in Veränderung kamen. Überzeugungen, die Sie gehindert haben, Ihr Leben nach Ihren Vorstellungen umzugestalten. Schreiben Sie einmal auf, welche Glaubensüberzeugungen Sie über sich und Ihr Leben haben. Sätze wie: »Ich muss…, um geliebt zu werden.« »Nur wenn ich…, dann…« Überprüfen Sie diese Sätze und verwandeln Sie diese Sätze in förderlicher Weise. Formulieren Sie alles in vollständigen Sätzen und übersetzen Sie die alten und neuen Überzeugungen dann in Bilder, um anschließend das alte Bild zu löschen oder es in das neue zu verwandeln.

TIPP: Mit dem Mondzyklus leben

Der Mondzyklus kann uns darin unterstützen, manche Alltagstätigkeiten effektiver zu gestalten. Und vielleicht machen Sie Ihre nächste Fastenzeit lieber bei abnehmendem Mond? Für viele Menschen hat sich das als hilfreich erwiesen. Ein anderes Beispiel für die positive Wirkung der Mondphasen ist die Gymnastik nach dem Mondrhythmus. Hierbei werden je nach Mondphase andere Körperpartien trainiert, bei denen die Übungen zu diesem Zeitpunkt besonders effektiv wirken.

Sie können sich in derselben Form auch Ihrem Glauben zuwenden. Vielleicht protestieren Sie jetzt, dass Sie nicht gläubig sind im Sinne von Religion? Das ist hier weniger wichtig, denn Glaube ist nicht beschränkt auf bestimmte Religionsformen, sondern wie Denken und Fühlen eine Funktionsform in uns. Wir können an einen strafenden Gott glauben, an die Gesetze der Natur, an die Macht des Geldes, an uns selbst oder an eine übergeordnete Kraft, die uns unterstützen kann. Wie wir unsere Glaubenskraft einsetzen, ist unsere Wahl, und so wird sie dann für uns im Leben auch wirken.

Wenn Sie religiös erzogen wurden, tragen Sie diese Prägung in sich, auch wenn Sie sich später davon abwenden. Hilfreich wäre es dann, die alten, bildhaft gespeicherten Überzeugungen zu verwandeln, so wie Sie es beispielsweise mit Ihrer Gewichtsprägung gemacht haben. Wurde Ihnen ein bestimmtes Gottesbild vermittelt, das Ihrer heutigen Vorstellung widerspricht? So erlauben Sie sich doch einfach einmal, diesen »Gottvater« in Ihre innere Landschaft kommen zu lassen und reden Sie mit ihm. Vielleicht stellen Sie dabei fest, wie stark das Bild Ihres leiblichen Vaters dabei mit einfließt. Oder fehlt Ihnen eine »Gottmutter?« Dann bitten Sie sie zu einem Gespräch in Ihre innere Landschaft, und lassen Sie sich von ihr in die Arme nehmen.

Wurde Ihnen vermittelt, dass wir uns kein Bild von Gott machen sollen? Was auch immer Gott ist, so ist es größer als jede Vorstellung. Die Anregung, sich mit Ihrem Gottesbild zu treffen, soll Ihnen dazu dienen, begrenzende Vorstellungen zu verwandeln, blockierende Glaubensvorstellungen zu erlösen. Was für Sie daraus an Entwicklungen entsteht, werden Sie im Kontakt mit Ihrer Seele selbst entdecken – wenn Sie diese Erkundungsreise unternehmen möchten.

Ist Ihnen diese Vorstellung zu weit gegriffen? Dann nehmen Sie stattdessen zum Abschied noch die folgende Meditationsübung mit auf den Weg. Sie ist – wie der Einstieg mit den Tieren – auf der Symbolebene angesiedelt. Über das Symbol der Rose können Sie noch einiges über sich erfahren und äußerst hilfreich für sich einsetzen, auch unabhängig von der Fastenwoche.

Betrachten Sie in der Meditationsübung Ihre Rose ganz genau, von der Blüte bis zu den Wurzeln, und überlegen Sie, was sie Ihnen zu sagen hat.

Meditationsübung: Rose

Vorbereitung: Machen Sie es sich an Ihrem Ruheplatz bequem und lesen Sie den folgenden Text aufmerksam durch, wie auf Seite 28 beschrieben. Entspannen Sie sich und beginnen Sie mit der Meditationsübung.

Übung

› Entspannen Sie sich an Ihrem Erholungsort und lassen Sie dann vor Ihrem inneren Auge eine Rose als Symbol für sich selbst, für Ihr Wesen erscheinen. Überlegen Sie nicht, wie sie aussehen müsste, sondern nehmen Sie die Rose an, die spontan vor Ihrem inneren Auge erscheint.

› Betrachten Sie diese Rose in allen Einzelheiten. Sehen Sie sich die Blüte an. Wie ist sie gestaltet? Ist sie geöffnet oder geschlossen? In welcher Farbe blüht sie? Duftet sie? Lassen Sie Ihren Blick über den Stiel der Rose wandern. Ist der Stiel zart und anmutig oder dick und stabil? Hat er Dornen und Blattwerk? Lassen Sie Ihren Blick weiter wandern bis zum Ende des Stiels: Steht die Rose abgeschnitten in einer Vase, hat sie Wurzeln, die in der Luft schweben, oder sind sie tief in der Erde verankert?

> Wie hat Ihnen Ihre Rose gefallen, was war für Sie dabei beeindruckend? Überlegen Sie kurz, was das Bild für Sie ausgedrückt hat, bevor Sie die folgende Erläuterung lesen.

› Lösen Sie dieses Bild wieder auf.

› Lassen Sie dann noch eine zweite Rose als Symbol für Ihren Körper vor Ihrem inneren Auge erscheinen. Betrachten Sie auch diese Rose so eingehend wie die erste, achten Sie auf dieselben Dinge, um sich ein genaues Bild machen zu können.

› Wenn es Ihnen gefällt, lassen Sie die beiden Rosen nebeneinander erscheinen und miteinander in Verbindung treten.

› Beenden Sie die Übung, wie auf Seite 31 beschrieben.

Blühen Sie auf – die Symbolsprache der Rose

Bei beiden Rosen ist die Blüte jeweils Symbol für den Grad der Entfaltung Ihrer Persönlichkeit und zeigt Ihnen, mit welcher Intensität Sie sich Ihrer Umwelt öffnen, sich ihr zeigen. Ob die Blüten der Rosen knospig geschlossen oder ob die Blütenblätter weit geöffnet waren, steht ausschließlich mit Ihrem Bedürfnis nach Öffnung in Zusammenhang und ist vollkommen in Ordnung, so wie es ist. Die Farben der Blüten zeigen Ihnen, welche Kräfte in Ihnen walten. Diese Farben können sich wandeln entsprechend den verschiedenen Phasen in Ihrem Leben. Vielleicht blüht Ihre Rose so wie Sie in powervollem Rot, oder aber Sie zeigt sich ganz zart in Rosa. Vielleicht blüht sie auch mit gelber Verstandesklarheit. Womöglich verbreiten Sie auch sinnlich Ihren Duft!

Der Stiel symbolisiert die Art und Weise, wie Sie im Leben stehen. War er zart, so dass er leicht bricht, oder stark und kräftig, so dass Sie standhaft den Stürmen des Lebens trotzen? Kann jeder Sie abknicken, sie abreißen oder an Ihnen zerren, weil Sie keine Dornen haben? Oder sind Sie stachelig wie ein Igel, weil Sie sich nach einer Verletzung so in einen Stachelpanzer gehüllt haben, dass niemand sich mehr traut, Ihnen nahe zu kommen?

Die Blätter der Rose sind für den Stoffwechsel wichtig. Sie brauchen dafür die Sonnenenergie (die Sonne symbolisiert bewusste und väterliche Kraft), Wasser und Nährstoffe aus der Erde (die Erde symbolisiert die mütterliche Energie). Wenn alles genutzt werden kann, dann wird sich die Rose über Ihren eigenen Stoffwechsel bestens versorgen. Haben Sie mit Ihren Blättern den nötigen Lebensraum für sich eingenommen, so dass Sie Ihre Kraft entfalten können? Oder ziehen Sie sich – und damit Ihre Lebensenergie – zurück und beschränken sich auf wenige Blätter? Waren die Blätter Ihrer Rose vertrocknet, weil der Lebenssaft nicht mehr fließt, oder waren sie voller Blattläuse, die an Ihnen schmarotzen? Wurzeln, die gut im Boden – Ihrer Lebensbasis – verankert sind, geben Ihnen Halt, Stabilität, Getragen- und Versorgtwerden (mit Nährstoffen und Wasser). War es Ihr eigener oder ein fremder Lebensboden? Manchmal sind wir auch »entwurzelt«, wie man es umgangssprachlich gerne sagt, beispielsweise von Menschen, die in einem fremden Land wohnen. Manche, die ihre Lebensbasis (ihr »Elternhaus«) als nicht tragend oder belastend empfinden, schneiden die Wurzeln zu ihrem Ursprung ab. Eine Entscheidung, die viel Kraft kostet.

Wir leben dann stark aus dem Verstand und aus dem Willen. Wir müssen viele Kräfte mobilisieren, um strahlend zu blühen, denn die natürliche Versorgung aus dem Boden des Gefühls fehlt.

Häufig trennen junge Menschen, wenn sie das Elternhaus verlassen, die Wurzeln zu ihrer Vergangenheit ab. Auch eine Scheidung kann den Verlust dieser lebenswichtigen Sicherheit mit sich bringen. Manche Menschen ziehen aber auch bei einer Eheschließung die Wurzeln aus ihrem ursprünglichen Boden, um im Leben des anderen neue Wurzeln zu schlagen. Wollen Sie doch lieber wieder in Ihrem eigenen, tragfähigen Boden verankert sein? War der Boden nährstoffreich, um die Rose gut zu versorgen, und angenehm feucht? Oder bekam die Rose nasse »Füße«, weil zu viele Gefühle gerade Ihren Boden bewässern, Ihnen »das Wasser bis zum Halse« steht? Haben Sie sich als Kletterrose gesehen? Dann benötigen Sie vermutlich einen anderen Menschen als Halt. Und während bei Solitärrosen der Mensch lieber allein seinen Raum einnimmt, lieben Buschröschen die Geborgenheit in der Familie. Wenn die beiden Rosen, die Sie in der Meditation gesehen haben, sehr verschieden voneinander waren, so zeigen sie, wie unterschiedlich sich die beiden Bereiche Ihrer Person entwickelt haben. Und manche Übergewichtige sind »ein zartes Pflänzchen«, dem der Körper Stabilität verleiht.

Meditationsübung: Rosengarten

Was auch immer Sie in der Meditation für eine Rose gesehen und was Sie dazu gelesen haben: Prüfen Sie, was Ihnen gefällt, was Sie gerne verändern würden oder wo Sie Pflegebedarf entdeckt haben. Dann werden Sie als guter Gärtner aktiv: Abgeschnittene Rosen können in einer Vase Wurzeln bilden. Wenn Sie noch nicht den richtigen Platz gefunden haben, wo Sie »Wurzeln schlagen« wollen, kann die Rose vorübergehend in einen Topf gepflanzt werden. Die Erde Ihrer Rose kann gelockert, gedüngt oder gegossen werden. Der Platz kann sonniger oder schattiger gestaltet werden. Vielleicht braucht Ihre Rose auch einen sicheren Platz, der sie vor dem »Wind des Lebens« schützt. Für manche Rosen ist es auch wichtig, zwischendurch beschnitten zu werden. Was auch immer Ihrer Rose guttut, um sich gesund zu entfalten, geben Sie es ihr. Vielleicht nähern sich Ihre beiden Rosen dabei einander an. Ob Moosröschen oder eine besondere Züchtung – jede Rose ist schön und hat ihren Platz im Leben, jede braucht angemessene Pflege und Schutz. Wenn Sie Ihre Rose in der Meditation pflegen und zur Entfaltung bringen, bekommen Ihr Körper und Ihre Seele die Hilfe und Unterstützung, die sie benötigen.

Vorbereitung: Machen Sie es sich an Ihrem Ruheplatz bequem und lesen Sie den folgenden Text aufmerksam durch, wie auf Seite 28 beschrieben. Entspannen Sie sich und beginnen Sie mit der Meditationsübung.

Übung

> Lassen Sie in der nächsten Meditation Ihre beiden Rosen erscheinen und pflegen Sie sie.

> Spielen Sie alle möglichen Entwicklungen jeder einzelnen Rose durch: Verändern Sie Blüte, Stiel, Dornen, Blätter, den Boden, in dem sie wächst, bis Sie die Form gefunden haben, bei der Sie sich am wohlsten fühlen. Lassen Sie sich mit den Veränderungen Zeit. Sie haben ein Leben lang Gelegenheit, Ihre Rosen zu veredeln und Ihr Leben so zu gestalten, wie Sie es gern möchten.

> Beenden Sie die Übung, wie auf Seite 31 beschrieben.

Je mehr wir uns in Liebe zu uns selbst und dem Leben öffnen, desto leichter kann uns das Leben beschenken.

Zum Abschied

Sie haben bei jeder Übung versucht, eine Veränderung nach Ihren Wünschen vorzunehmen. Sie wissen, dass Sie sich verlassen können auf Ihre Fähigkeiten, das Alte loszulassen, die Wandlung anzunehmen und offen zu sein für Neues. Übernehmen Sie dieses Grundprinzip der Meditation in Ihr Leben. Schauen Sie sich immer wieder alte Situationen an. Spielen Sie Möglichkeiten durch, bis Sie eine Wandlungsform finden. Durch den Kontakt zu unserem Unterbewusstsein und zu unserer Seele erhalten wir aus unserem Inneren eine optimale Führung zur Lösung schwieriger Aufgaben, um unser Leben erfüllter zu gestalten. Öffnen Sie sich Ihrer Seele und Ihrem Unterbewusstsein!

Lassen Sie Zeitmangel nicht als Argument gelten, wenn Sie im Alltag nicht mehr meditieren. Wie oft warten wir an einer Bushaltestelle, im Wartezimmer eines Arztes oder auch wenn Besuch kommt. Nutzen Sie diese Situationen, um nach innen zu schalten und waschen Sie den Alltagsstress an Ihrer Quelle ab. Nur fünf Minuten sind nötig, um die Augen zu schließen und Belastungen loszulassen. Gönnen Sie sich diese wertvolle Zeit!

WAHRE GESCHICHTE

Als ich es einmal beim Einkaufen sehr eilig hatte, ärgerte ich mich, als ich dann mit meinen fünf Sachen an der Kasse in einer langen Schlange stand. Vor mir ein schlecht gelauntes Kleinkind im Einkaufswagen störte mich dann noch zusätzlich in dieser Situation. Um meine Gereiztheit zu lösen, schaltete ich um, ging nach innen und versuchte zu entspannen. In dem Moment wurde mir bewusst, dass das Kind lauthals dasselbe demonstrierte, was in mir leise brodelnd stattfand: den Unmut über das Gehetztsein zu äußern – was mich richtig entspannte. In vollem Verständnis schaute ich den Jungen an, der im selben Augenblick ruhig wurde und mich anlachte. Der verdutzte Blick der Mutter folgte und sie bot mir an, mit meinen wenigen Sachen vorzugehen, so dass ich kurz darauf bezahlen und das Geschäft verlassen konnte.

Anleitungen für Anwendungen

Ansteigendes Fußbad
Lauwarmes Wasser – auf keinen Fall heißes! – wadenhoch in einen Eimer füllen. Die Füße hineinstellen und nach und nach heißes Wasser zugießen, so dass die Füße immer neue Wärme bekommen. Innerhalb von 15 bis 20 Minuten ist der ganze Körper mit Wärme aufgeladen. Zum Abschluss die Füße kurz kalt abduschen.

Einlauf
Füllen Sie den Klistierbehälter oder -beutel im Badezimmer mit 1 Liter körperwarmem Wasser. Klemmen oder knicken Sie den Schlauch ab oder drehen Sie den Hahn zu. Fetten Sie das Darmrohr am Schlauchende etwas ein. Hängen Sie den gefüllten Einlaufbehälter an die Türklinke und lagern Sie sich so im Vierfüßlerstand auf den Boden, dass Sie das eingefettete Darmrohr leicht und möglichst tief in den After einführen können – pressen Sie ein wenig dagegen. Während Sie das Wasser langsam einlaufen lassen, unverkrampft knien, die Bauchdecke locker lassen, ruhig atmen. Ziehen Sie anschließend das Darmrohr heraus. Nach zwei bis fünf Minuten kommt es zur Darmentleerung.

Leberpackung
Füllen Sie eine Wärmflasche flach mit heißem Wasser. Falten Sie ein Leinenhandtuch einmal längs zusammen, tauchen Sie ein Drittel davon in heißes Wasser und wringen Sie es aus. Legen Sie sich hin und breiten Sie die feuchte Handtuchstelle auf dem Leib aus, geben die Wärmflasche darauf und schlagen diese mit dem trockenen Teil des Handtuches ein. Decken Sie sich gut zu.

Prießnitz-Leibauflage
Tauchen Sie ein Leinenhandtuch zu einem Drittel in kaltes Wasser, wringen Sie es aus und legen Sie es so zusammen, dass es eine nasse und darauf zwei trockene Schichten ergibt. Legen Sie sich die nasse Seite auf den Bauch und ein trockenes Frottiertuch darüber. Die Auflage wird wohlig warm.

Bücher, die weiterhelfen

Fasten für Gesunde
Zusammengehörende Buchreihe aus dem GRÄFE UND UNZER VERLAG

> Lützner, H.: Wie neugeboren durch Fasten

> Lützner, H./Million, H.: Richtig essen nach dem Fasten

> Hopfenzitz, P./Lützner, H.: Fasten – Meditationsprogramm

Bücher aus den Tipps (in der Tipp-Reihenfolge)

Gallegos, Eligio Stephen: Indianisches Chakra – Heilen; Peter Erd Verlag, München

Sams, Jamie/Carson, David: Karten der Kraft; Ein schamanisches Einweihungsspiel in den »Pfad der Tiere«; Windpferd Verlag, Aitrang

Kingston, Karen: Gegen das Gerümpel des Alltags; Rowohlt Taschenbuchverlag, Reinbek

Hirschi, Gertrud: Mudras für Körper, Geist und Seele; Urania Verlag, Neuhausen/Schweiz

Heepen, Günther H.: Schüßler-Salze, 12 Mineralstoffe für die Gesundheit; Schüßler-Salze typgerecht; GU Kompass Schüßler-Salben; GRÄFE UND UNZER VERLAG, München

Lübeck, Walter: Handbuch des spirituellen NLP; Windpferd Verlag, Aitrang

Robbins, Anthony: Grenzenlose Energie. Das Power Prinzip. Wie Sie Ihre persönlichen Schwächen in positive Energie verwandeln; Heyne, München

Schmidt, Sigrid: Bach-Blüten für innere Harmonie; GRÄFE UND UNZER VERLAG, München

Kaplan, Robert-Michael: Die integrative Sehtherapie. Entdecken Sie die heilende Kraft hinter Ihren Augen; Arbor Verlag, Freiamt/Schwarzwald

Masaru, Emoto: Wasserkristalle; Koha Verlag, Burgrain

Masaru, Emoto/Fliege, Jürgen: Die Heilkraft des Wassers; Koha Verlag, Burgrain

Muths, Christa: Farbtherapie. Mit Farben heilen – der sanfte Weg zur Gesundheit; Heyne Verlag, München

Muths, Christa: Heilen mit Farben, Bildern & Symbolen. Das große Buch der Heilübungen; Simon+Leutner, Berlin

Paungger, Johanna/Poppe, Thomas: Die Mondgymnastik; Goldmann (Mosaik) Verlag, München

Lutzenberger, Andrea: Mondkalender. Besser leben mit der Kraft des Mondes; GRÄFE UND UNZER VERLAG, München

Lutzenberger, Andrea: Mond Kompass. Das Nachschlagewerk von A–Z für alle Lebensbereiche; GRÄFE UND UNZER VERLAG, München

Weitere Buchempfehlungen

Buchinger, Dr. Otto: Das Heilfasten; Hippokrates Verlag, Stuttgart

Besser-Siegmund, Cora: Die sanfte Schmerztherapie mit mentalen Methoden; Econ Verlag, Düsseldorf

Danner, Helma: Biologisch Kochen und Backen; Ullstein Taschenbuchverlag, Berlin

Gawain, Shakti: Stell Dir Vor. Kreativ visualisieren; Rowohlt Taschenbuchverlag, Reinbek

Golas, Thaddeus: Der Erleuchtung ist es egal, wie du sie erlangst; Kailash Verlag, München

Grasberger, Dr. med. Delia: Autogenes Training; GRÄFE UND UNZER VERLAG, München

Hay, Louise L.: Gesundheit für Körper und Seele; Ullstein Verlag, Berlin

Hölz, Dr. Med. Gunther/Million Helmut: Genußvoll abnehmen; Bassermann Verlag, München

Johnen, Wilhelm: Muskelentspannung nach Jacobson; GRÄFE UND UNZER VERLAG, München

Leitzmann, Prof. C., Million, Helmut: Vollwertküche für Genießer; Bassermann Verlag, München

Mannschatz, Marie: Meditation. Mehr Klarheit und innere Ruhe; GRÄFE UND UNZER VERLAG, München

Moen, Larry (Hrsg.): Meditationen zur Heilung; Windpferd Verlag, Aitrang

Ort-Gottwald, Anna/Vereinigung deutscher BioSpitzenköche: Bio – Ein Genuss; GRÄFE UND UNZER VERLAG, München

Ponder, Catherine: Die Heilungsgeheimnisse der Jahrhunderte; Peter Erd Verlag, München

Schutt, Karin: Massagen. Wohltat für Körper und Seele; GRÄFE UND UNZER VERLAG, München

Wilhelmi de Toledo, Françoise: Buchinger Heilfasten: Ein Erlebnis für Körper und Geist; TRIAS im MVS

Adressen, die weiterhelfen

Hinweis: Ein umfangreiches Adressenverzeichnis mit den Anschriften von Ärzten, die bereit sind, Fastende zu beraten, sowie eine Liste der Heilfasten-Kliniken finden Sie im GU Ratgeber »Wie neugeboren durch Fasten« von Dr. med. Hellmut Lützner.

Ausbildung

Zentralverband der Ärzte für Naturheilverfahren und Regulationsmedizin e.V.
Am Promenadenplatz 1
72250 Freudenstadt
www.zaen.org

Ärztekurse und Selbsterfahrungsseminare zur Erlangung der Berechtigung, Fastende zu beraten; Prospekt anfordern (Kennwort »Fastenseminar«)

Fastenwochen für Gesunde

Deutsche Fastenakademie (dfa)
Höhenweg 3
07749 Jena
www.d-f-a.de

Die dfa
- fördert das »Fasten für Gesunde« am Wohnort und in den Ferien, organisiert und geführt in Gruppen
- sorgt für die Ausbildung zum/r Fastenleiter/in (siehe rechte Spalte) und deren jährliche Weiterbildung
- hält Fachvorträge und Präsentationen bei Kongressen
- bietet Kooperation mit Ärzten und Ärztinnen

Jahresübersicht Fastenwochen für Gesunde (dfa)
Die »Grüne Liste« kann kostenlos angefordert werden bei:
Andrea Häuser
Geißhalde 48
71134 Aidlingen
E-Mail: geschaeftsstelle@fastenakademie.de

Zentrale Fragen zum Thema
www.fastenfuergesunde.de
Abgrenzung zum Heilfasten, Kontakte zu Fastenkliniken und Ärzteverbänden.

Dr. med. Hellmut Lützner
Tel. 07551/4596,
Fax 07551/938092
E-Mail: hellmut.luetzner@t-online.de

Häuser, in denen auch Heilfasten angeboten wird

Falkenstein-Klinik
PD Dr. Häntschel
Ostrauer Ring 35
01814 Bad Schandau-Ostrau
www.falkenstein-klinik.de

Sanitas-Dr. Köhler-Parkkliniken
Fachklinik für Naturheilverfahren
Prof. Thorsten Doering
Prof. Karl-Ludwig Resch
Prof.-Paul-Köhler- Str. 3
08645 Bad Elster
www.dekimed.de

Krankenhaus Ochsenzoll
Dr. Helmut Brinkmann
Langenhorner Chaussee 560
22419 Hamburg

Habichtswaldklinik
Dr. Schmiedel
Wigandstr. 1
34131 Kassel-Wilhelmshöhe
www.habichtswaldklinik.de

Klinik Blankenstein
PD Dr. André-Michael Beer
Im Vogelsang 5–11
45527 Hattingen
www.klinik-blankenstein.de

Kurhaus Dhonau
Dr. Axel Bolland
Zum Freilichtmuseum
55566 Sobernheim/Meddersheim
www.bollants.de

Felke-Kurhaus Menschel
Dr. Matthias Menschel
Nahweinstraße
55566 Bad Sobernheim/Meddersheim
www.menschel.com

Waerland Sanatorium
Haus Friedborn GmbH
Brigitte und Horst Greim
Lehnhof 4
79736 Rickenbach
www.friedborn.de

Klinik für Naturheilweisen
Seybothstr. 65
81545 München
www.kfn-muc.de

Privatklinik Tannerhof
Klinik für Naturheilwesen
Dres. A. und M.
v. Mengershausen
Tannerhofstr. 32
83735 Bayrischzell
www.tannerhof.de

Fasten und Wandern
Victoria u. Helmut Zorn (dfa)
Wendelweg 14
83246 Unterwössen
E-Mail: vhzorn@t-online.de

Fasten und Wandern
Gladiolenweg 12
14476 Satzkorn/Potsdam
E-Mail: fasten@gaensewein.com

Christoph Michl
Im Hagelgrund 2
67659 Kaiserslautern
www.fastenwandern.org

Fastenwanderzentrum
Birkenhalde
Birkenhalde 29
72172 Sulz/Neckar

Österreich
Der Zusatz (dfa) bedeutet, dass es sich um in der Deutschen Fastenakademie (dfa) ausgebildete Fastenleiter/-leiterinnen handelt. Der Zusatz (GGF) bedeutet, dass es sich um in der Gesellschaft für Gesundheitsförderung (GGF) ausgebildete Fastenleiter/-leiterinnen handelt.

Hans Scherz
Götzenbichl 185
A-8160 Weiz
E-Mail: hans.scherz@gmx.at

Fastenzentrum
Kloster Pernegg
Pernegg 1
A-3753 Pernegg/Waldviertel
www.klosterpernegg.at

Erna Schüpferling (dfa)
Sonnbergweg 7
A-6365 Kirchberg/Tirol
www.fastenkur.com

Peter Bittner (GGF)
Waltendorfer Strasse 43
A-9020 Klagenfurt
www.gesundheitsfoerderung.at/fasten

Alexander Graffi (GGF)
Stuwerstr. 50/4
A-1020 Wien
www.fastenfueralle.com

Hans Hermann (dfa)
E-Mail: hans.hermann@marienschwestern.at

Schweiz
Lassalle-Haus
Bad Schönbrunn
CH-6313 Edlibach/Zug
www.lassalle-haus.org

Kurhaus Prasura
Höhwaldweg
CH-7050 Arosa

Ida Hofstetter
Neuhofstr. 11
CH-8708 Männedorf
www.fastenpraxis.ch

Für alle Anfragen ins Ausland bitte einen ausreichend frankierten Rückumschlag (1,00 EUR) beilegen.

Sachregister

A
Abnehmen 105
Aggressionen 77
Ansteigendes Fußbad 71, 120
Antibabypille 55
Aufstehen, morgendliches 24
Ausdauerleistungen 25, 69
Ausgeglichenheit 25
– , innere 69
Ausscheidung 45, 61

B
Baby 21
Bachblüten 78
Beschwerden, körperliche 88
Bewegung 69
Beziehungsstrukturen 38
Bilder, innere 13, 16, 30
Blähungen 99
Blattsalat 107
Bulimie 21

C
Chakren 38
Collage 75

D
Darmreinigung 55
Diäten 17

E
Einkaufslisten 35f., 97
Einlauf 55, 120
Einschlafen 46
Einschlafschwierigkeiten 71, 72
Eiskristalle 104
Eiweißabbau 69
Elternhaus 102
Energieprogramme 11ff.
Entgiftung 21
Entschlackung 21, 35
Entspannung 15, 30, 31
Essen 102–105
Essgewohnheiten 17
Essverhalten, unkontrolliertes 39
Exerzitien 15

F
Fahrplan durch die Fastenwoche 40–43
Farbe 110
Fastenarbeit 26
Fastenbrechen 100
Fastenbrühe 54
Fastenflaute 77
Fastengruppe 21, 27
Fastenhaus 21
Fastenklinik 20, 21
Feng Shui 56
Figur 9, 39
Frieren 71
Fußbad, ansteigendes 71, 120

G
Gemüsebrühe 54
Geschmacksempfinden 101, 112
Getreide-Gemüse-Suppe 108
Getreideschleim 54
Gewichtsprobleme 9
Gewohnheiten 17
Glaubensüberzeugungen 113f.
Glaubersalz 55
Gottesbild 114
Gymnastik 69
– nach dem Mondrhythmus 113

H
Hunger 54, 76

I
Idealbild 78
Innentempo 21

K
Karottenbrühe 53
Karottenrohkost 108
Kartoffelbrühe 53
Kartoffel-Gemüse-Suppe 97
Kauen, gründliches 45
Kerze 29
Kind, Begegnung mit dem 66f.
Kindheitslandschaft 50
Kleidung 28, 35
Kneipp 24
Körperbild 78
Körpergeruch, veränderter 27
Krankheiten 88
Kreislauf 21, 25
Kritik 83

L
Landschaft, innere 49, 51
Launenhaftigkeit 77
Leberpackung 99, 120
Leinsamen 99
Leistungsfähigkeit 25
Lesen 26

M
Magnesium 71
Massage 81
Medikamente 22
Meditation 14–17
 – abschließen 31
Meditationen, alltägliche 17
Meditationsmusik 29
Möhrengemüse 108
Monatsregel 26
Mondzyklus 113
Morgengymnastik 25
Mudras 15, 70
Mundgeruch 27
Muskelkater 71

N
NLP (Neurolinguistisches
 Programmieren) 75

O
Obsttag 45

P
Pellkartoffeln 107
Persönlichkeit 116
Potenz, sexuelle 26
Prießnitz-Leibauflage 99, 120

R
Radfahren 69
Reaktionsvermögen 22
Reinigungsprozesse 68
Reistag 45
Rezepte für die Fastentage 53
Rohkosttag 45
Rose 115
Ruheplatz 28

S
Schlackenstoffe 45
Schlaf 71, 72
Schockerlebnis 82
Schüßler-Salze 72, 101
Schwimmen 69
Schwindelgefühl 24
Sehprobleme 91
Sehvermögen 26
Selbsterfahrung 15
Selbstheilungskräfte des
 Körpers 9, 89, 110
Selbstliebe 85
Selbstwert 80
Selleriebrühe 53
Sonnengeflecht (Solarplexus)
 109
Speisepläne für die Fasten-
 tage 53
Stress 83

T
Tanzen 69, 77
Tautreten 24
Tiergestalten 37
Tierkonferenz 38

Tomatensuppe 53, 98
Trauer 77
Trinken 45

U
Übelkeit 24
Umbruchphase, seelische 10
Unpässlichkeiten 60
Unterwäsche 35
Urlaubslandschaft 50
Urlaubsort 31

V
Veränderungen 51
 –, körperliche 26
Verdauungsprobleme 100
Verletzungen, alte 88
Verstopfung 55
Vierwindetee 99
Visualisieren 30
Vollwertkost 103

W
Walking 69
Warzen 90
Wasserhaushalt 91
Weizenschrotsuppe 107
Werbung 16
Wünsche erfüllen 69

Y
Yoga 69
 – mit den Fingern 70

Z
Zen-Meditation 15

Impressum

© 2008 GRÄFE UND UNZER VERLAG GmbH, München
Erweiterte und aktualisierte Neuausgabe von Fasten und Meditation, GRÄFE UND UNZER VERLAG GMBH 1991, ISBN 3-7742-2512-5 (Erstausgabe 1989)
Alle Rechte vorbehalten. Nachdruck, auch auszugsweise, sowie Verbreitung durch Film, Funk, Fernsehen und Internet, durch fotomechanische Wiedergabe, Tonträger und Datenverarbeitungssysteme jeder Art nur mit schriftlicher Genehmigung des Verlages.

Wichtiger Hinweis

Fasten nach der Anleitung dieses Buches dürfen nur gesunde Menschen, die im Fasten bereits erfahren sind. Wenn Sie zum ersten Mal fasten, empfehlen wir Ihnen den GU Ratgeber »Wie neugeboren durch Fasten«.
Wenn Sie sich Ihrer physischen und psychischen Gesundheit nicht sicher sind oder sich in ärztlicher Behandlung befinden, sollten Sie Ihren Arzt fragen. Wenn Sie chronisch krank sind, regelmäßig Medikamente nehmen, sich nicht gesund fühlen oder wegen irgendwelcher Beschwerden in ärztlicher Behandlung stehen, dürfen Sie nicht selbstständig fasten. Sie sollten sich einer Fastenklinik anvertrauen. Wenn in der Fasten- oder Nachfastenzeit Beschwerden auftreten, sollten Sie einen fastenerfahrenen Arzt aufsuchen.
Meditieren nach Anleitung dieses Buches dürfen gesunde Menschen. Wenn Sie in psychologischer, psychiatrischer oder psychotherapeutischer Behandlung stehen, dürfen Sie nicht ohne Absprache mit dem Therapeuten selbstständig meditieren. Brechen Sie eine Meditation ab, wenn Sie sich in der Meditation mit Gefühlen, Gedanken oder Empfindungen konfrontiert sehen, die Sie überfordern. Wenn Ihnen dadurch bewusst wird, dass Sie Hilfe bei der Lösung eines Problems brauchen, sollten Sie sich an einen Fachmann wenden.

ISBN 978-3-8338-0975-0

1. Auflage 2008

Programmleitung: Ulrich Ehrlenspiel
Redaktion: Corinna Feicht/Verena Schnapp
Lektorat: Irmela Sommer
Bildredaktion: Henrike Schechter
Layout: independent Medien-Design, Claudia Hautkappe
Herstellung: Petra Roth
Satz: Uhl + Massopust, Aalen
Lithos: Repro Ludwig, Zell am See
Druck: Firmengruppe APPL, aprinta druck, Wemding
Bindung: Firmengruppe APPL, sellier druck, Freising

Bildnachweis:

Cover: Getty
Corbis: U2, 29, 34, 47, 52, 66, 83, 96/
Digital Vision: 23, 36/
fStop: 99/ **Getty**: U4 (li. + re.), 6/7, 8, 87, 111, 115 (re.)/ **GU-Archiv**: 72 (Jan Schmiedel), 108 (Harry Bischof)/ **Image Source**: 68/ **Jalag**: 20/ **Jump**: 24, 27, 53/ **Mauritius**: 3 (li.), 14, 32/33, 49, 58, 60, 76, 89, 104, 112, 115 (li.)/
Photodisc: 18/19, 94/95/
Plainpicture: 84, 106/
Stockbyte: 11/ **Stock Food**: 3 (re.), 44
Illustration:
Detlef Seidensticker, S. 12
Ingrid Schobel, S. 70

Liebe Leserin und lieber Leser,

wir freuen uns, dass Sie sich für ein GU-Buch entschieden haben. Mit Ihrem Kauf setzen Sie auf die Qualität, Kompetenz und Aktualität unserer Ratgeber. Dafür sagen wir Danke! Wir wollen als führender Ratgeberverlag noch besser werden. Daher ist uns Ihre Meinung wichtig. Bitte senden Sie uns Ihre Anregungen, Ihre Kritik oder Ihr Lob zu unseren Büchern. Haben Sie Fragen, oder benötigen Sie weiteren Rat zum Thema? Wir freuen uns auf Ihre Nachricht!

GRÄFE UND UNZER VERLAG
Leserservice
Postfach 86 03 13
81630 München

Wir sind für Sie da!

Montag–Donnerstag: 8.00–18.00 Uhr
Freitag: 8.00–16.00 Uhr

Tel.: 0180-5005054*
Fax: 0180-5012054*

*(0,14 €/Min. aus dem dt. Festnetz/Mobilfunkpreise können abweichen.)

E-Mail: leserservice@graefe-und-unzer.de

Wollen Sie noch mehr Aktuelles von GU erfahren, dann abonnieren Sie doch unseren kostenlosen GU-Online-Newsletter und/oder unsere kostenlosen Kundenmagazine.

Unsere Garantie

Alle Informationen in diesem Ratgeber sind sorgfältig und gewissenhaft geprüft. Sollte dennoch einmal ein Fehler enthalten sein, schicken Sie uns das Buch mit dem entsprechenden Hinweis an unseren Leserservice zurück. Wir tauschen Ihnen den GU-Ratgeber gegen einen anderen zum gleichen oder einem ähnlichen Thema um.

Ein Unternehmen der
GANSKE VERLAGSGRUPPE